Mit Gefühl!

Ralf Meister (Hrsg.)

Mit Gefühl!

Sieben Wochen ohne Härte

edition chrismon

Bibliografische Information der Deutschen Nationalbibliothek: Die Deutsche Nationalbibliothek verzeichnet diese Publikation in der Deutschen Nationalbibliografie; detaillierte bibliografische Daten sind im Internet über http://dnb.d-nb.de abrufbar.

1. Auflage

Printed in Germany

Das Buch wurde auf alterungsbeständigem Papier gedruckt.

Bei Fragen zur Produktsicherheit wenden Sie sich bitte an: info@eva-leipzig.de.

Fotos: Cover: Jodie Griggs/Getty Images
Woche 1: Dan Petermann; Woche 2: China Hopson;
Woche 3: Nils Böddingmeier; Woche 4: Domenic Driessen;
Woche 5: Milena Schilling; Woche 6: Kaja Grope;
Woche 7: Rosa Merk
Cover: Ellina Hartlaub, GEP gGmbH, Frankfurt am Main
Satz: makena plangrafik, Leipzig
Druck und Bindung: BELTZ Grafische Betriebe GmbH, Bad Langensalza

ISBN 978-3-96038-428-1
eISBN (PDF) 978-3-96038-429-8
eISBN (E-Pub) 978-3-96038-430-4

www.eva-leipzig.de

Inhalt

Vorwort

Ralf Meister

Es ist schon Jahre her. Wir saßen zusammen in einem Kreis von Stadtvertretenden. Eine Schulleiterin eines Gymnasiums, ein Berufsschulleiter, der Polizeipräsident, ein Gemeindemitglied einer muslimischen Gemeinde, der Kantor der jüdischen Gemeinde. Wir sprachen darüber, was eine Stadt zusammenhält. Alle großen Themen schlugen auf: Rassismus, Spaltung arm-reich, Zunahme der Einsamkeit, vernachlässigte Jugendliche. Schließlich meinte die Schulleiterin: „Das Hauptproblem ist doch, dass sich immer weniger Menschen umeinander kümmern."

Die Frage, was eine Gemeinschaft im Innersten zusammenhält, stellt sich heute unter verschärften Vorzeichen. „Härte" scheint die dominante Währung zu sein. Sie prägt politische Debatten, ökonomische Logiken. Sie spiegelt sich in den sozialen Medien, wo Aufmerksamkeit durch Lautstärke, Abwertung und gezielte Zuspitzung gewonnen wird. Härte erscheint effizient und stark. Und doch ist sie auf Dauer zerstörerisch. Eine Gesellschaft, die sich nur noch in Konfrontation und Abgrenzung versteht, verliert ihre Bindekräfte. Sie zerfällt in Lager und Echokammern. Das verbindende Moment, das „sich Kümmern“ um den anderen, gerät ins Hintertreffen. Wo das Einfühlungsvermögen schwindet, wächst die Einsamkeit. Wo das Bedürfnis nach Zugehörigkeit keine Resonanz findet, breitet sich Entfremdung aus.

„Mit Gefühl! Sieben Wochen ohne Härte“ lädt dazu ein, einen Kontrapunkt zu setzen und Zwischentöne zuzulassen. Mit Gefühl handeln heißt nicht, weichgespült durchs Leben zu gehen oder Konflikte zu vermeiden, sondern Widerstand gegen eine Kultur der Verhärtung zu leisten: durch Aufmerksamkeit, durch eine Sprache, die nicht verletzt, durch Gesten, die Beziehungen nähren.

Ich wünsche Ihnen Gewinn bei der Lektüre und segensreiche Erfahrungen in dieser Fastenzeit.

Ihr Ralf Meister

Mit Sehnsucht / 1

Mein Gott, gib mir ein hörendes Herz.

1. Könige 3,7.9 (BasisBibel)

Mit Sehnsucht

Ralf Meister

BIBLISCHE MINIATUR ZU 1. KÖNIGE 3,7.9

„Du hast drei Wünsche frei." Die gute Fee im Märchen stellt Großes in Aussicht. Aber was soll man sich wünschen? Geld und Macht? Oft sind die Wünsche kurzsichtig und unbedacht. Wäre es nicht besser, Frieden für die Welt zu wünschen? Ein gutes Leben für alle? Gesundheit und Glück? Keine Fee, sondern Gott selbst erscheint König Salomo im Traum. „Was immer du bittest, will ich dir geben." Kurz denkt er nach. „Ich bin noch jung, weiß weder aus noch ein." Doch dann gibt er zur Antwort, wofür man ihn weise nennen wird: „Gib mir ein hörendes Herz."

Jedes ungeborene Kind entwickelt seine Sinne schon im Mutterleib. In der 22. Woche der Schwangerschaft kann es hören. Vermutlich wird der erste Ton der Herzschlag der Mutter sein. Neben vielen Außengeräuschen vernimmt ein Kind das ununterbrochene Pochen eines anderen Herzens. Der Ton des Lebens, dem sein eigenes Leben entspringt. Ein gehörtes Herz. Solche Nähe stellt sich im Leben später nicht mehr ein. Nur manchmal, in der großen Liebe, träumen wir noch davon, dass unsere Herzen im Gleichklang schlagen könnten. Wir können dem eigenen Herzschlag lauschen und empfindsam bleiben für das Schlagen anderer Herzen.

Die Fastenzeit gibt Gelegenheit dazu, und es tut gut, auf das Leben selbst zu hören. Auch wenn wir auf viele Fragen keine Antworten haben, das Hören selbst ist schon ein heilsamer Vorgang. Dabei denke ich nicht an die vielfältigen und lauten Großstadtgeräusche, sondern an die zahlreichen ungehörten Worte in meinem Leben. In Gesprächen hatte ich oft nicht die Geduld oder es fehlte mir die Aufmerksamkeit, um im Nichtgesagten die wichtigen Sätze zu hören. In wie vielen Augenblicken vernahm ich nicht die zärtlichen und leidenden Stimmen der Schöpfung. In der Vielzahl der Worte, der Überfülle der Töne fühle ich mich bisweilen taub. Sieben Wochen zum Hören des Herzens liegen vor uns, des eigenen und des Herzens der anderen. Achtsam und konzentriert den Tönen des Lebens lauschen und in ihnen die Stimme Gottes entdecken.

„In den Augen aller Menschen
wohnt eine unstillbare Sehnsucht.
In allen wohnt der gleiche Funke
unstillbaren Verlangens,
das gleiche heimliche Feuer,
der gleiche tiefe Abgrund …"
Ernesto Cardenal

VERSUCH'S, KANINCHEN 1

Fabian Vogt

Die Ärztin schaute erst auf ihr Klemmbrett mit meinen Unterlagen, dann zu mir herüber; über den scharfen Rand ihrer Lesebrille. Sie beobachtete mich.

Während ich mich wieder anzog, versuchte ich unauffällig, das Schild an ihrem Kittel zu lesen, weil ich ihren Namen schon wieder vergessen hatte: „Dr. Rebekka Sanary" stand da in einer schlichten Schrift … ohne Serifen. Neben einem stilisierten roten Logo von „Sento Pharmaceuticals".

„Ist es das erste Mal, dass Sie an einer klinischen Studie teilnehmen?"

Ich nickte. „Ich schreibe gerade meine Masterarbeit im Bereich Grafikdesign und dachte mir: So kann ich nebenbei ein bisschen Geld verdienen. Und gesund bin ich ja offensichtlich."

Sie schaute noch einmal auf ihre Notizen. „Ja, gesund sind Sie. Soweit ich das nach dem Blutbild und der kurzen Untersuchung sagen kann. Körperlich auf jeden Fall. Hat man Ihnen schon gesagt, worum es bei dieser Studie geht?“

Ich knöpfte mein zerknittertes Leinenhemd zu, während ich antwortete: „Nein, jedenfalls noch nicht genau. Irgendein Medikament ... zur Regulierung des Gemüts ... oder so ... ist das eine Art Antidepressivum?“

Sie lächelte. „Nein. Antidepressiva dämpfen die Gefühle, ‚Cumaffectu forte‘ dagegen hilft, emotionale Blockaden zu lösen.“ Sie hielt mir eine Broschüre mit einer seltsam angeordneten Headline hin. Ich nahm das Heft entgegen, ohne es aufzuklappen.

Sie deutete an, dass ich doch auf dem Stuhl vor ihrem Schreibtisch Platz nehmen möge. „Sie haben vermutlich schon gehört, dass ältere Menschen, die gefragt wurden, was sie im Leben bereuen, nicht zuerst Dinge genannt haben, die sie getan haben, sondern vor allem Dinge, die sie nicht gewagt haben. Für die ihnen der Mut gefehlt hat. Und meist stecken verschiedene Faktoren hinter einem solchen Mangel an Mut: Ängste, Kleinmut, Härte, Gleichgültigkeit ... und ähnlich hinderliche Kräfte.

“ Meist stecken verschiedene Faktoren hinter einem solchen Mangel an Mut. ”

‚Cumaffectu forte' unterdrückt diese Gefühlshemmer … oder sagen wir besser … es reduziert ihre Wahrnehmung, so dass wir unseren Emotionen mehr vertrauen. In den Vorversuchen gab es nur erfolgreiche Ergebnisse und keine Nebenwirkungen …"

Ich unterbrach sie: „Das heißt, ich werde meine positiven Gefühle intensiver spüren und … äh … bewusster ausleben?"

„Ja, das kann man so sagen." Sie schob eine Tablettenbox mit sieben Fächern über den Schreibtisch zu mir hin. „Sie können gleich anfangen, wenn Sie möchten. Die erste Tablette steigert die Wahrnehmung Ihrer Sehnsüchte. Sie werden dann Ihre innigsten Wünsche ernster nehmen."

„Klingt gut", sagte ich, nahm die Ives-Klein-blaue Tablette aus dem ersten Fach und schluckte sie. Dann fuhr ich nach Hause. Gespannt, was passieren würde.

Und es passierte etwas: Noch bevor ich in meiner Wohnung ankam, löste sich eine Sperre in meinem Kopf. Zumindest fühlte es sich so an. Als wehe ein frischer Wind durch meine Gehirnzellen. Nein, als könnte ich meine Sehnsüchte auf einmal hören. Laut und übermütig. Als würde ich überschüttet mit Ideen, wie mein Leben auch aussehen könnte. Ich hatte auf einmal die Gewissheit: „Ich werde endlich meinen Wünschen trauen – und nicht mehr zu schnell zufrieden sein."

Als ich dann an meinem Schreibtisch saß, legte ich sofort eine Word-Datei an: „Wonach ich mich schon immer gesehnt habe." Und die Liste füllte sich schnell, unglaublich schnell ... so viele Träume und Wünsche.

Vor allem aber schickte ich Johanna eine WhatsApp, meiner Kommilitonin, die ich schon seit Monaten anhimmelte. Einer Frau, die mir bislang viel zu perfekt erschienen war, als dass ich sie um ein Date hätte bitten können. Aber warum denn nicht?

Wonach haben Sie sich schon immer gesehnt und was davon ließe sich umsetzen?

MEIN GOTT, GIB MIR EIN HÖRENDES HERZ

Hans-Jürgen Abromeit

Oft genug haben wir bei unseren Handlungen ein schales Gefühl. Wir haben das jetzt gemacht, weil es so das Einfachste war, weil wir es so gewohnt waren, vielleicht auch, weil wir unseren Gefallen daran hatten. Aber tief innen spüren wir: Es ist nicht ganz in Ordnung.

Warum nur diese innere Zerrissenheit? Da ist das Verlangen, ganz zu sein, nur das zu tun, was man als richtig erkannt hat. Das Hauptproblem ist nicht, dass wir nicht wüssten, was richtig, gerecht oder angemessen ist. Wir wissen – oder ahnen – es häufig, aber wir tun es nicht. Trotz besserer Erkenntnis handeln wir falsch. Auch Salomo, dem idealtypischen König Israels, mangelt es nicht an Einsicht. Er weiß, dass eigentlich die Hilfe nur bei dem Herrn, dem Gott Israels liegt. Aber man opferte doch schon immer allen möglichen Göttern auf den Opferplätzen („Höhen") der Dörfer und Städte, dann mag er aus dieser Praxis aller auch nicht ausscheren. Ja, auch seine Libido hat er nicht im Griff. So wurde er zum sagenhaften Vielfrauen-König Israels. Doch wie kommt er aus dieser Falle seiner Gewohnheit heraus?

Er verhält sich weiterhin, wie es der traditionellen Frömmigkeit entspricht, sogar in vorbildlicher Weise.

Da eröffnet Gott ihm eine ungeahnte Möglichkeit. Salomo darf sich erbitten, was immer er will, Gott will es ihm geben. Was wird er von Gott haben wollen? Ein langes Leben, Reichtum, den Sieg über seine Feinde? Um alles das bittet er nicht. Stattdessen bittet Salomo um „ein hörendes Herz“ (1. Könige 3,9). Er wünscht sich, von sich selbst absehen zu können, vor Gott stille zu halten und einfühlsam zuhören zu können. Er bittet weiter darum, dass er die Fähigkeit von Gott geschenkt bekommt, das Erkannte auch in die Tat umzusetzen. Damit der Zwiespalt zwischen Wissen und Leben geschlossen wird. Damit die Sehnsucht nach einem ganzheitlichen Leben gestillt wird.

“ Da eröffnet Gott ihm eine ungeahnte Möglichkeit. ”

In der Hebräischen Bibel ist das Herz das Erkenntnisorgan. Salomo bittet darum, dass Gott ihm die Kraft schenkt, die erkannten guten Ordnungen Gottes auch zu leben. Und Gott erfüllt ihm seine Bitte. Und weil er das Wichtigste erbeten hat, schenkt ihm Gott das weniger Wichtige noch dazu: Reichtum und Ehre. Hier schattet sich schon ab, was Jesus später auf seine Weise verkündigt hat: „Strebt vor allem anderen nach Gottes Reich und seiner Gerechtigkeit – dann wird Gott euch auch das alles schenken“ (Matthäus 6,33), alles, was wir zum Leben brauchen und weit darüber hinaus.

DIE WEISHEIT DES ANALOGEN

Eva Jung

Liest man den Bibeltext, in den Salomos Bitte aus 1. Könige 3,7.9 eingebettet ist, erfährt man, dass der König damals noch sehr, sehr jung und unerfahren war. Er tritt ein großes Erbe an. Es gibt noch keinen Tempel, und vieles scheint ungeklärt und im Bau befindlich. Es wird berichtet, dass er eine bedeutende Opferstätte wählt. Und er opfert viel: tausend Tiere! Das spricht für Reichtum. Es spricht aber auch für Unsicherheit. Bloß nichts falsch machen! Er hat ein großes Volk zu führen. Viele Menschen sind ihm anvertraut. Nach diesen unzähligen Opfern scheint König Salomo begriffen zu haben: Purer Reichtum gibt keine Sicherheit. Tausende Opfer darbringen macht zwar viel Rauch. Die Angst und Unsicherheit, etwas nicht bedacht zu haben, bleibt. Dieser Angst will adäquat begegnet werden. Wie weise, dass er um ein hörendes Herz bittet, das Gottes Weisungen versteht. Hätte er vorher gefragt, hätte er vielleicht verstanden, dass Gott gar nicht so scharf ist auf unsere Opfer? Die Opfer waren möglicherweise nur nötig, damit Salomo etwas begreift.

Das erinnert mich an 2023. In diesem Jahr verbrachte ich ein verlängertes Wochenende im Lüchtenhof in Hildesheim. Vier Tage lang erlebte ich Natur und Handwerk, Meditation, Körperarbeit, Kulinarik, Kreation und Kontemplation. Neben vielen Inspirationen wurden die Teilnehmenden dazu ermuntert, einen ‚Brief an die Angst' zu schreiben. Interessanter Gedanke, dachte ich, knöpfte mir eine der dort befindlichen, alten mechanischen Schreibmaschinen vor und tippte der Angst einen spontanen Brief.

Das Tippen auf der Schreibmaschine machte mir einiges klar: Ich musste mich erst mal von der Angst befreien, mich zu vertippen. Auf so einer Maschine ist es praktisch unmöglich, fehlerfrei zu schreiben. Zumindest für mich. Aber was soll's? Fehler sind menschlich und geben dem Geschriebenen Charakter. Mit Hilfe des ersten getippten Fehlers konnte ich meine erste Angst überwinden. Die zweite Erkenntnis: Schreibmaschine-Schreiben ist anstrengend. Das läuft nicht so locker-flockig, wie auf einer Computertastatur.. Für Untrainierte wie mich zog das In-Bewegung-Setzen der Tasten, spätestens nach der ersten DIN-A4-Seite, gerötete Fingerkuppen nach sich. Langsam tippen hilft, die Finger zu entlasten und verhindert darüber hinaus Typenhebel-Verhedderung. Es gab vieles zu lernen bei dieser Übung. Hier noch eine weitere Erkenntnis: Auf diesen alten Schreibmaschinen sucht man vergeblich nach der Delete-Taste. Was in die Tasten gehauen wurde, ist Fakt. Klar, man kann eine neue Seite beginnen und das fälschlich betippte Papier zerknüllen und wegwerfen. Man kann den zu löschenden

Text auch mit vielen X übertippen. All das das kostet Zeit und Material und klingt nach Sisyphos. Darüber hinaus schafft es keinen neuen Gedanken, sondern widmet sich noch länger den bereits verworfenen. Besser ist es, man denkt zuerst und schreibt erst dann, wenn der Gedanke geklärt ist.

Es gibt sie noch, die alten Schreibmaschinen. Sie warten auf uns funktionstüchtig auf Flohmärkten und mancherorts sogar im Keller. Vielleicht sollten wir sie entstauben und als Trainingsgeräte nutzen. Uns darin üben, vorm Tippen zu denken. Und uns und anderen mehr Briefe statt Kommentare schreiben.

Wenn Sie Ihrer Angst einen Brief schreiben würden, was stünde darin?

SIEBEN WOCHEN OHNE HÄRTE

Christine Lungershausen

Ohne?

Auch eine strikte Abstinenz hat ihre Härte. Geht nicht auch: Weniger? Weniger Härte?

Also sieben Wochen weniger Härte.

Noch mal ein Fragezeichen: Überall weniger Härte?

Ein Schädel ohne Härte würde mich nicht schützen. Ein Armknochen ohne Härte würde verbiegen, wenn ich die Kaffeetasse hebe oder spätestens wenn ich eine schwere Tür öffne.

Also anders: Wann brauche ich Härte?

Hart sein muss ich da, wo es für meinen und den Schutz anderer wichtig ist. Das haben wir neu lernen müssen in den letzten Jahren. Schädel und Knochen, klare Kante gegen rechts, kein Raum für Menschen, die andere quälen, harte Grenzen gegen heimtückische Angriffe.

Für manches braucht es Härte. Wie Salomo auch: Der urteilt ja, was gut und böse ist. Er spricht Urteile – und die werden nicht immer weich gewesen sein. Wie eine Hand, die klar weist und scheidet, gut und böse, lebensdienlich oder schädlich.

Dafür aber erbittet Salomo ein hörendes Herz. Ein hörendes Herz stellt Fragen. Fragen wie: Geht es hier wirklich um gut oder böse, oder gehen auch Kompromisse? Verstehe ich den anderen tatsächlich richtig, oder urteile ich nur hart, weil ich etwas nicht nachvollziehen kann oder ihm neide, weil ich selbst leide – und mit ihm hat es gar nicht so sehr zu tun?

Ein hörendes Herz, mit weniger Härte.

Nicht mehr hart sein wie eine Mauer, die schreit: „An mir rennst du dir die Birne ein; du musst anders werden! So, wie du bist, bist du nicht richtig."

“ Ein hörendes Herz, mit weniger Härte. ”

Nicht weiter „Das ist mein Recht, und was für dich bleibt, ist mir egal", nicht mehr: „Das habe ich mir jetzt aber verdient, und was nach mir kommt, müssen die Nachfolgenden tragen. Schließlich hat ja jeder sein Päckchen zu tragen ...". Weniger „Jetzt bin aber mal ich dran!!". Weniger urteilen, mehr nachfragen, weniger gegen die anderen, mehr miteinander entwerfen.

Nicht mehr harte Mauer, einschüchternder Blick, feste Überzeugung gegen die Schwäche der anderen – weniger hart sein.

Und was heißt das positiv? Milde sein. Sanft. Und zart.

Weniger hart, mehr stabil und klar. Wie ein Baum.

Verwurzelt und verbunden mit anderen. Verankert in den tiefen Schichten der Erde, im Wissen der früheren Jahrhunderte. Und mit Wurzeln in den Himmel – Himmelswurzeln: verbunden nach oben, in eine himmlische Welt, angebunden an eine Hoffnung, dass da drüben noch mehr ist.

Ein weises Herz. Ein hörendes Herz pflegen.

Ein hörendes Herz für das Kind in dir, das schreit. Eine weiche Seite, wenn das Leben eh schon hart ist. Verletzlich und verwundbar für die, die leiden.

Milde. Sanft. Zart. Weise. Hörend.

Ob ich weich werden möchte? Eher nicht. Sondern hörend und sanft, weise. Und dabei klar und erkennbar.

Eben nicht nachgiebig wie schwammiges Moos, sondern stabil wie ein Baum.

So flexibel, dass der Sturm mich nicht bricht.

So beweglich, dass Fragen an mich rühren.

Aber nicht widerstandslos, austauschbar, eindrückbar. Sondern stabil und sicher wie der Stamm eines Baumes.

Weniger Härte. Mehr Sanftmut. Mich anderen zuwenden und hinhören.

“Weniger Härte. Mehr Sanftmut. Mich anderen zuwenden und hinhören.”

Weniger Härte, mehr hörendes Herz.

So hängt alles zusammen. Wind, Geist, Atem in der Seele des Menschen. Unvergleichlich poetische Bilder von Hildegard von Bingen. Gott ist lebendig als Geist, Atem, Wind.

Mit Sehnsucht

Frank Muchlinsky

„Man denkt nur mit dem Herzen gut."
Antoine de Saint-Exupéry, beinahe

Was ist die größte Sehnsucht der Menschheit? Was meinen Sie? Eine Partnerschaft fürs Leben finden? Glück? Sicherheit? Frieden? Kindersegen? Unbeschwertheit? Ein langes Leben? Reichtum? Die Bibel verrät, was ihrer Meinung nach das ist, wonach sich die Menschheit am meisten sehnt: Klugheit. Wer's nicht glaubt, kann es leicht finden ganz am Anfang der Bibel. Wovon naschen die beiden ersten Menschen? Vom Baum der Erkenntnis von Gut und Böse. Die Früchte erschienen der Frau deswegen begehrenswert, „weil sie klug machten". Die Menschheit riskiert also das Paradies und ihr eigenes Leben für diesen Wunsch: klug zu sein.

König Salomo ist der Erbe von David, dem wohl größten König Israels überhaupt. Geliebt von Gott, seinem Volk, vielen Frauen und einigen Männern. Als er den Thron besteigt, träumt er einen wundersamen Traum. Gott erscheint ihm zwar nicht in der Gestalt einer Fee, aber doch mit einem ähnlichen Angebot: Du hast einen Wunsch frei. Egal was es ist, du bekommst es. Hauptgewinn, freie Auswahl. Was immer der junge König sich ersehnt, wird er bekommen. Und was sucht er sich aus? Wieder Klugheit! „Gib mir ein hörendes Herz!“, antwortet er Gott. Das Herz ist – anders als in unserem Sprachgebrauch – nach alttestamentlichem Verständnis der Sitz des Verstandes. Und wenn man den Vers weiterliest, wird das auch deutlich: „Nur so kann ich dein Volk richten und zwischen Gut und Böse unterscheiden.“ Da ist es wieder: Gut und Böse unterscheiden können. Die große Menschheitssehnsucht seit dem Garten Eden. Spannend ist, dass Gott hier – ganz anders als in der Paradiesgeschichte – ausgesprochen glücklich ist über diesen Wunsch Salomos. Er bekommt nicht nur diesen Wunsch erfüllt, sondern – weil er sich eben keinen Reichtum gewünscht hat – bekommt er den und ein langes, erfolgreiches Leben obendrauf.

Salomos Weisheit wird dann auch bald sprichwörtlich. Sein hörendes Herz lässt ihn ein legendäres Urteil fällen. Vielleicht ist etwas dran an der biblischen Vorstellung, dass unser Verstand in unseren Herzen liegt. Eben nicht „nur“ unser Gefühl. Vielleicht stimmt ja beides. Vielleicht ist Klugheit da, wo Denken und Fühlen zusammengehen. Dann verstehe ich auch gut, warum sich die Menschheit nach nichts anderem so sehr sehnt wie nach dieser Art von Klugheit. Kein Unterschied zwischen dem, was mein Herz mir sagt, und dem, was mein Verstand mir sagt.

Es ist an der Zeit, das einmal auszuprobieren: Denken Sie mit dem Herzen und fühlen Sie mit dem Kopf. Eine ganze Woche lang immer wieder! Viel Vergnügen!

Wenn Sie bei Gott einen Wunsch frei hätten, was würden Sie sich wünschen?

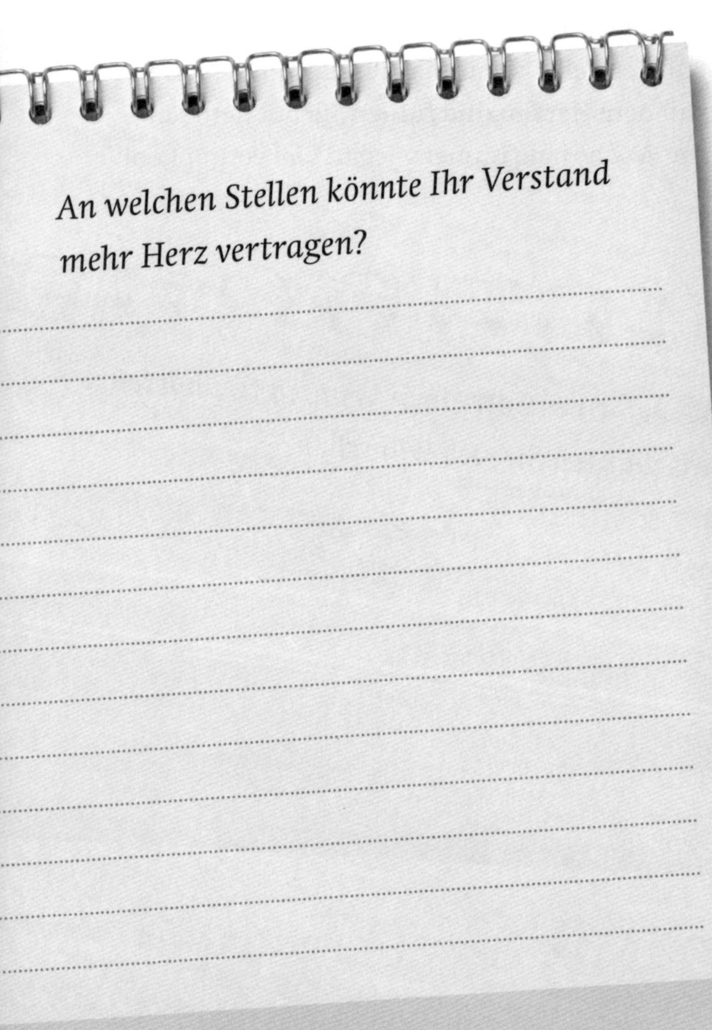
An welchen Stellen könnte Ihr Verstand
mehr Herz vertragen?

7 WOCHEN OHNE

Mit Weite / 2

„Ich freue mich und bin fröhlich über deine Güte, dass du mein Elend ansiehst und kennst die Not meiner Seele und übergibst mich nicht in die Hände des Feindes; du stellst meine Füße auf weiten Raum."

Psalm 31,8–9 (Lutherbibel 2017)

Mit Weite

Ralf Meister

BIBLISCHE MINIATUR
ZU PSALM 31,8–9

Von manchen Gipfeln blickt man weit ins Land. Bei guter Sicht schweift das Auge vom Brocken im Harz viele Kilometer über die vorgelagerten Hügel bis in die Ebene. Weiten Raum zu haben, ist eine gute Aussicht. Von Abraham und seinem Neffen Lot heißt es, „er hob seine Augen auf und sah die ganze Gegend". Weiter Raum, vielversprechendes Land. Immer träumen wir in den überwältigenden Weiten, ob am Meer oder in den Bergen, von der Welt hinter dem Horizont. Orte, um Pläne zu verwirklichen oder unsere ungestillten Hoffnungen zu nähren.

Doch solche Gipfelaussichten sind bei mir zumeist reserviert für die Urlaubswochen. Das Leben spielt sich in den Niederungen ab. Die Sicht reicht kaum weiter als bis zu den aktuellen Pflichten oder Zwischenfreuden. Das Besondere des Psalmwortes ist, dass es den Gipfel des Glücks mit dem „Elend“ in den Tiefen des Alltags verbindet. Das Wort vom Elend ist umfangen von Räumen des Glücks und der Freiheit. „Ich freue mich und bin fröhlich über deine Güte ... Du stellst meine Füße auf weiten Raum.“

“ Unser Leben hält jeden Tag Augenblicke der Freude bereit, die wir häufig übersehen und geringachten. ”

Für den Psalmbeter ist der weite Raum kein schweifender Blick über die Bergwelt, sondern eine Perspektive auf das eigene Leben. Mein Leben ist begrenzt. Jeden Tag, jede Stunde. Im Raum der Welt, in der Zeit meines Lebens.

Die Zusage aus der Bibel zerreißt diese Zeit- und Raumbeschränkung mit den Worten, dass der Glaube eine „feste Zuversicht“ sei, „auf das, was man hofft, und ein Nichtzweifeln an dem, was man nicht sieht“ (Hebräer 11,1). Wie gelingt dieses Ausmaß des Zutrauens? Wie erreiche ich den weiten Raum? Dem Beter ist es überlebenswichtig, dass er sich nicht selbst, sondern dass Gott ihn in den weiten Raum stellt. Fröhlichkeit und weiter Raum. Unser Leben hält jeden Tag Augenblicke der Freude bereit, die wir häufig übersehen und geringachten. Und diesen Momenten der Schönheit des Lebens, des Glücksmoments, folgt das Zutrauen in eine Welt, die vor mir liegt. Die Aussicht mag durch vieles verstellt sein, aber der Glaube erkennt neue Möglichkeiten. Er speist sich aus den gelungenen Erfahrungen mit Gott. Was ist mir schon alles geschenkt worden! Das Lachen der Kinder, der Aufgang der Sonne, die zahllosen kleinen Gesten der Liebe anderer Menschen. Nicht erst mit dem Erreichen des Gipfels, sondern schon auf dem Weg dorthin zeigen sich neue Perspektiven. Das Herz ist weit, die Seele befreit sich aus der Not.

Was hat Gott Ihnen schon alles geschenkt?

„Geben wir dem Möglichen
wieder seinen rechtmäßigen Platz:
Dann öffnen sich die Pforten
der Zukunft ganz weit
und der Freiheit öffnet sich
ein unbegrenztes Feld."
Henri Bergson

VERSUCH'S, KANINCHEN 2

Fabian Vogt

Rebekka Sanary stand schon im Flur, als ich ankam. Eine Woche später. Sie winkte mich zu sich und lächelte: „Und? Wie ist es Ihnen ergangen? So voller Sehnsucht?"

Sie schloss hinter mir die Tür des Büros und bot mir ein Glas Wasser an.

Ich musste erst mal Luft holen. „Ich ... weiß gar nicht, wo ich anfangen soll."

Ich zog die ausgedruckte Liste mit meinen Sehnsüchten aus der Hosentasche und faltete sie auf. „Hier! Drei Seiten. So viele Dinge sind mir eingefallen, die ich alle schon immer mal erleben wollte ... aber bislang doch ignoriert habe. War fast ein bisschen erschrocken, was da alles unterdrückt wurde."

Ich kam in Fahrt: „Aber ich habe auch gleich angefangen, was zu verändern: Ich habe mein Schlafzimmer neu gestrichen, in Türkis, ich habe eine Reise nach Ägypten gebucht ... da möchte ich schon so lange hin ... die Hieroglyphen studieren ... und ...“ Ich zögerte einen Augenblick, dann sagte ich: „... ich bin mit der interessantesten Frau an der ganzen Uni verabredet, heute Abend.“

Dr. Sanary schrieb konzentriert mit. Dann sah sie kurz hoch: „Irgendwelche unerwünschten Arzneimittelwirkungen?“

„Bislang nicht.“ Ich grinste: „Wenn man davon absieht, dass Ägypten echt teuer ist. Ich meine: Ich wollte mit dieser Studie Geld verdienen, nicht ausgeben.“

Sie machte sich eine weitere Notiz. Dann deutete sie auf die Tablettenbox, die wieder auf dem Schreibtisch stand.

„Die heutige Dosis ‚Cumaffectu forte‘ sorgt dafür, dass Sie die ganze Weite Ihrer Möglichkeiten sehen ... und dem Kleinmut nicht mehr so viel Einfluss geben. Gibt es etwas Spezielles, das Sie bislang hindert, Ihre Träume zu leben?“

“ Gibt es etwas Spezielles, das Sie bislang hindert, Ihre Träume zu leben? ”

Ich schaute sie irritiert an. Dann antwortete ich zögernd: „Mmh ... na ja ... manchmal denke ich: Mein Selbstvertrauen ist nicht besonders ausgeprägt. Ich habe oft Angst, Fehler zu machen. Und dann mache ich lieber nichts ...“

Ich öffnete die Tablettenbox und angelte die grüne Pille mit Daumen und Zeigefinger raus: „Wenn mir dieses Ding hier hilft, mir und meinen Möglichkeiten mehr zuzutrauen ... umso besser."

Rebekka Sanary nahm mir noch Blut ab und wünschte mir ein erfolgreiches Date ... dann war ich entlassen.

> “ Du bist da! Und dieser Abend ist voller Möglichkeiten. ”

Am Abend saß ich bei meinem Lieblingsmexikaner – mit den besten Fajitas der Stadt – und wartete auf Johanna. Und sie kam. Tatsächlich.

Ich half ihr aus dem Mantel, und noch bevor sie richtig Platz genommen hatte, sagte ich: „Ich habe mich schon vor einem Jahr in dich verliebt."

Sie zog überrascht die Augenbrauen hoch: „Na, du gehst aber ran. Willst du mich nicht erst mal ein bisschen kennen lernen?"

Ich beugte mich vor: „Als du damals über Rewilding-Trends im Grafikdesign referiert hast, über die Lust auf natürliche Texturen und Farben, dachte ich sofort: Was für eine tolle Frau! Man spürt: Du liebst das, was du machst. Oder?"

Johanna nickte. „O ja! Und, ich erinnere mich: Du hast damals in der Diskussion gefragt, wie Nachhaltigkeit in einem Logo sichtbar werden kann. Aber ich hatte bis letzte Woche den Eindruck, dass du eher ein schüchterner Typ bist."

Ich zögerte, dann sagte ich: „Bin ich auch, versuche aber gerade, mich nicht mehr so von meiner Unsicherheit bestimmen zu lassen." Ich breitete die Arme aus: „Du bist da! Und dieser Abend ist voller Möglichkeiten."

Sie strich sich die Haare aus der Stirn. „Du bist ganz schön ehrlich. Hast du was genommen?"

„Nein", sagte ich, „ich habe keine Drogen genommen, wenn du das meinst."

Was täten Sie, wenn Sie mehr Selbstvertrauen hätten?

....

....

....

....

....

....

....

....

....

....

WEITER RAUM – FÜR FÜSSE UND SEELE

Christian Behr

„Du stellst meine Füße auf weiten Raum" – als ich den Psalm-Vers wieder einmal las, sang es sofort in mir. Und durch den Refrain des Liedes wurde ich an den Kirchentag von 2001 in Frankfurt erinnert, dessen Motto dieses Psalm-Wort war. Ich sehe mich mit einer Gruppe von Religionsschülerinnen und Schülern der zehnten Klasse unterwegs im Zug nach Frankfurt. In der Gemeinschaftsunterkunft in einer Schule. Das große Interesse der Jugendlichen, was ihnen hier in den kommenden Tagen begegnen wird. Ein weiter Raum. Mit vielen Menschen gefüllt. Und trotzdem mit Platz für alle.

Und mit großer innerer Weite. Manche nannten und nennen das eher eine Beliebigkeit, die vom Deutschen Evangelischen Kirchentag ausginge, da es keine eindeutigen geistlichen Orientierungen gäbe. Andere fahren, wie ich auch, alle zwei Jahre zum Kirchentag, um die Offenheit und Weite zu spüren und für die eigene Seele aufzutanken. Zu sehen, dass viele andere Christinnen und Christen ebenso unterwegs sind.

Ich habe mir in den vergangenen Jahren angewöhnt, kein durchgetaktetes Programm mehr für mich zu erstellen, sondern mich eher räumlich, zeitlich und auch thematisch treiben zu lassen. Neue

Eindrücke und Erfahrungen zu sammeln. Mir ohne Druck etwas Gutes zu tun.

Fastenzeit – sieben Wochen ohne Härte – auch gegenüber mir selbst. Das bedeutet im Umkehrschluss auch, dass ich mir, auch mitten in der Fastenzeit, etwas Gutes gönnen darf. Wenn mir irgendein Verzicht in dieser Zeit nicht guttut, dann ist es auch richtig so. Ich gestehe mir Weite im Inneren und Äußeren zu. Und damit schaffe ich mir in meinem Lebensraum auch die Möglichkeit, meinen Mitmenschen Weite im Leben und im Denken – für ihre Seele – zu gönnen. In der Hoffnung, dass sie mir das Gleiche zugestehen.

“ Ich gestehe mir Weite im Inneren und Äußeren zu. ”

Für mich gehören auch gute Erinnerungen dazu. Dass durch ein Motto oder eine Liedsequenz gute Zeiten aufleuchten. Das kann in der Fastenzeit auch ein befreiendes Osterlied sein. Oder im Sommer die Erinnerung an ein stärkendes Weihnachtsfest.

Dazu gehören für mich auch gute Texte, die mich lebenslang begleiten, wie der 23. oder der 103. Psalm. Und dass immer einmal durch eine kurze Assoziation andere Erinnerungen hervorgeholt werden – wie die an den Kirchentag 2001 in Frankfurt: „Du stellst meine Füße auf weiten Raum.“

MIT WEITEM BLICK AUF FESTEM GRUND

Kirsten Fehrs

Der Blick in die Weite entspannt die Seele. Weswegen es so guttut, ab und an das Weite zu suchen und den Blick in die Weite schweifen zu lassen, über ein Feld, einen See oder das Meer oder von einem Hügel oder einem Kirchturm. Manchmal reicht es auch schon, den Kopf zu heben und in die Weiten des Himmels zu blicken, tagsüber, wenn die Wolken ziehen, oder nachts, wenn die Sterne aus den unendlichen Weiten des Weltalls zu uns herüberleuchten. Solch neu erwachter Blick weitet die Seele und öffnet einen Frei-Raum. Eine wohltuende kleine Unterbrechung des Alltags, der ja oft eng und wenig frei ist. Geld verdienen, Formulare ausfüllen, kochen, waschen, putzen, einkaufen, die eigenen Ansprüche erfüllen, das Leben organisieren, in Kontakt bleiben. Und ja, es braucht auch noch Zeit, um sich einzusetzen. Für unsere Nachbarschaft und unsere Städte, für unsere Demokratie und den Erhalt unserer Lebensgrundlagen. Dazwischen ab und zu ein Stoßseufzer der Sehnsucht nach Freiheit und Weite. Dieser Sehnsucht immer wieder eine Zeit im Alltag einzuräumen, ist heilsam. Gott weiß das. „Er stellt meine

“ Solch neu erwachter Blick weitet die Seele und öffnet einen Frei-Raum. ”

Füße auf weiten Raum", so heißt es in einem uralten Psalm. Ein wunderbares Wort: Gott sorgt in aller Freiheit für die nötige Bodenhaftung. Er führt aus der Enge und der Angst heraus in eine göttliche Weite, in der wir frei und doch auch aufgehoben sind. Eine feine Mischung, das Leben zu enthärten und trotzdem bei Kräften zu bleiben. Die weite Welt braucht unseren Hoffnungsmut und unsere Handlungsstärke nämlich dringend.

Wofür setzen Sie sich ein?

WIE VIELE GEFÜHLE PASSEN IN EINE SEELE?

Martin Vorländer

Das Haus ist voller Gäste.

Wir haben auf dem Land genügend Platz, so dass Familie und Freund:innen bei uns übernachten können. Ich mag es, wenn die Räume erfüllt sind mit Leben, Lachen, der Präsenz der anderen.

Eine Freundin hat schon lange angemeldet, dass sie ein paar Tage bei uns verbringen will. Gleichzeitig hat meine Schwägerin mit Mann und ihren zwei Kindern gefragt: Dürfen wir kommen? – Klar!

> „Ich mag es, wenn die Räume erfüllt sind mit Leben, Lachen, der Präsenz der anderen."

Nun schaut der Siebenjährige mich mit großen Augen an: „Spielen wir Traktor-Quartett?" Er weiß genau, welcher Traktor die anderen aussticht mit PS, Zylindern, Hubraum. Er wird mich wie immer abzocken. Die Vorfreude blitzt in seinen Augen.

Gleichzeitig hat die Freundin Redebedarf. Ihr Lebensgefährte ist vor kurzem gestorben. „Nehmt ihr mich denn auch als Heulboje auf?", hat sie vorher gefragt und versucht zu lachen. Schon als sie auf der Autobahn die Abfahrt zu unserem Dorf nimmt, laufen ihr die Tränen übers Gesicht. Sie kommt fast jedes Jahr zu uns. Es ist das erste Mal, dass sie ihren Liebsten nicht anrufen kann: „Ich bin gut angekommen." Kein Telefonat spät am Abend mit Erzählen, wie der Tag war. „Mir fehlt sein Rückhalt", sagt sie.

Die Freude des Kindes. Die Trauer der Freundin. Und die anderen mit ihren Geschichten. Das Haus hat Platz. Aber wie viele Gefühle passen gleichzeitig in meine Seele? Der Spielspaß des Jungen braucht genauso seinen Raum wie der Verlustschmerz der Freundin. Und meine eigenen Gedanken und Gefühle auch.

Der Besuch ist weg. Das Haus liegt wieder still da. Und ich spüre: Es ist schön, die Gefühlswelten der anderen zu Gast zu haben. Es bedeutet aber auch viel Seelenarbeit. Nach der Fülle hilft die Stille. So kann die Seele ihre Flügel von Neuem weit ausspannen.

Haben Sie einen befreundeten Menschen, der Hilfe braucht? Wie können Sie ihm helfen?

....

....

....

....

....

....

....

DEIN WEITER RAUM IST UNSERE FREIHEIT

Nils Petersen

Immer wieder tust du es, Gott. Du öffnest mir einen weiten Raum und stellst mich auf meinen Füßen in die Freiheit. Du räumst meine Bedenken und Zweifel aus dem Weg. Dann wundere ich mich, dass ich so unverstellt den Horizont sehen kann und den Himmel. Der weite Raum macht mir manchmal Angst. Immer wenn ich etwas Neues beginne, habe ich das Bedürfnis, Altes mitzunehmen. Aber das Neue muss anders sein als das andere, als das Alte. Sonst wäre es ja nicht neu.

Die neuen Wege in deinem weiten Raum sind unbeschritten. Die Wege in dem Raum, den du mir eröffnest, sind noch nicht schwer mit Fußspuren beladen. Die neuen Wege, die du mir zeigst, ist noch niemand gegangen. Und darum fürchte ich mich oft davor, dass der große weite Raum, in den du mich stellst, zu viel von mir verlangt. Ich möchte mich freuen und fröhlich sein darüber, dass du meine Füße auf weiten Raum stellst und mir die große Freiheit dieser Welt eröffnest und zeigst. Du traust mir etwas zu. Du traust mir zu, dass ich auf meinen eigenen Füßen durch diesen großen Raum gehe, Neues wage und Neues entdecke. Ich lasse sogar die eigenen alten Schuhe stehen. Sie sind mir zu ausgetreten für diesen weiten Raum.

Wenn ich mich umdrehe, dann sehe ich die vielen anderen, die so wie ich von dir die Weite und die Freiheit geschenkt bekommen. Einige haben Angst und drehen sich um und gehen zurück in den engen Raum. Andere sehe ich, die ihre Schnürsenkel öffnen, um neue Wege zu gehen ohne ihre alten Schuhe. Und da sind die Angstmacher; sie zeigen in die Weite und warnen vor dem Unbekannten und dem Neuen. Aber ihre Stimmen verlieren sich im weiten Raum. Ihre Stimmen sind nicht mehr wichtig. Du traust mir etwas zu. Du traust jedem Menschen etwas zu. Du schenkst uns allen eigene Füße, so dass wir nicht auf geliehenen Füßen deinen weiten Raum betreten müssen.

> “Du traust jedem Menschen etwas zu. Du schenkst uns allen eigene Füße.”

Immer wieder tust du es, Gott. Jedem Menschen öffnest du die Freiheit, da machst du keine Unterschiede. Jedem Menschen traust du etwas zu und öffnest den weiten Raum und stellst unzählige Füße hinein, dass sie neue Wege finden und gehen.

Ich schnüre meine Schuhe auf und gehe los. Und plötzlich spüre ich, dass meine Angst in meinen alten Schuhen stecken geblieben ist. Gut so, dann kann die Angst stehen bleiben, und ich weiß, wo sie ist.

Mit Nachsicht

Frank Muchlinsky

„Die größte Nachsicht mit einem Menschen entspringt aus der Verzweiflung an ihm.“
Marie von Ebner-Eschenbach

Was kann eine schlimme Situation noch schlimmer machen? Zum Beispiel, wenn man zu hören bekommt: Das hast du dir selbst eingebrockt. Schuldgefühle sind ausgesprochen potente Unglücksverstärker. Entsprechend sollte man auf solche Sätze weitestgehend verzichten, selbst wenn – und das ist ja leider oft der Fall – es stimmt. Häufig genug ist das Unglück, das wir erleiden, eine Folge unserer eigenen Handlungen. Meistens ist es denen, die da Schlimmes erfahren, vollkommen bewusst, dass sie sich selbst in diese Lage gebracht haben. Warum ihnen also das noch unter die Nase reiben? Vermutlich, damit die Person im Unglück aus der Geschichte etwas lernt. Das könnte der Grund sein, das Lernergebnis noch einmal zu wiederholen. Damit es sich einbrennt und man das nächste Mal anders handelt. Wenn das der Grund ist, dann soll diese Selber-schuld-Formulierung wehtun.

Große Teile der biblischen Geschichtsschreibung verdanken sich solch einer Sichtweise: Ihr wisst, was

Gott will, und tut doch immer wieder das Gegenteil davon. Der Text in Jesaja 30,15 lautet in Gänze: „Denn so spricht Gott der HERR, der Heilige Israels: In Umkehr und Gelassenheit werdet ihr gerettet, in der Ruhe und im Vertrauen liegt eure Stärke. Ihr aber wolltet nicht." Anstatt sich auf Gott zu verlassen, haben die Könige Israels gemeint, sie könnten sich mit Gewalt aus einer bedrohlichen Lage befreien. „Das habt ihr nun davon", lautet Gottes Urteil darüber, dass Israel nun selbst mit Krieg überzogen werden wird.

> „Es ist also nie zu spät für Ruhe, Umkehr, Gelassenheit und vor allem Vertrauen auf Gott."

Das ist wie ein Refrain in der Bibel: Weil wir nicht auf Gott gehört haben, sondern uns auf uns selbst und unser eigenes Können verlassen haben, sind wir schließlich von unseren Feinden besiegt worden. Das Erstaunliche dabei ist, dass Gott sich dabei durchgehend an das Versprechen hält, dass er der Menschheit nach der Sintflut gegeben hat: „Ich werde es nicht sein, der euch vernichtet." Stattdessen wirbt Gott immer wieder um die Menschen: „Vertraut doch mir!" Auch das kommt in diesem Jesaja-Text vor. Drei Verse später heißt es: „Darum wartet der HERR darauf, euch gnädig zu sein, und darum erhebt er sich, um sich eurer zu erbarmen." Es ist also nie zu spät für Ruhe, Umkehr, Gelassenheit und vor allem Vertrauen auf Gott. Am Ende steht eben nicht „Selber schuld“, sondern: „Ihr habt es in der Hand, dass es wieder besser wird.“

Es ist an der Zeit, dass wir mit derselben Nachsicht auf unsere Fehler sehen wie Gott. Stehen wir zu dem, was wir uns selbst eingebrockt haben, aber vertrauen wir darauf, dass wir es ab jetzt besser machen dürfen. Und sagen wir niemals zueinander: „Das hast du dir aber gerade selbst eingebrockt.“

Wo sollten Sie mehr Nachsicht mit sich walten lassen?

7 WOCHEN OHNE

Mit Verletzlichkeit / 3

„Und Jesus sprach zu seinen Jüngern: Meine Seele ist betrübt bis an den Tod; bleibt hier und wachet! (...) Und er kam und fand sie schlafend und sprach zu Petrus: Simon, schläfst du? Vermochtest du nicht eine Stunde zu wachen?“

Markus 14,34.37 (Lutherbibel 2017)

Mit Verletzlichkeit

Ralf Meister

BIBLISCHE MINIATUR ZU MARKUS 14,34.37

Die Nachricht kam nicht unerwartet, doch als die SMS eintraf, war ich geschockt. Ich weinte. Er war gestorben. Viel zu früh. Das Leben bringt immer wieder Stunden, die sich dunkel über die Seele legen. Gelegentlich muss ich mich mühen, um aus dieser Finsternis wieder herauszukommen. Schwermut und Traurigkeit können hartnäckig sein. Zäh kleben sie auf meinen Gedanken. Wohin entfliehen die unbeschwerten Tage. Wer bleibt an meiner Seite?

Die Worte Jesu in der Nacht an die aufgeschreckten Jünger, als er sie beim Schlafen stört, haben mich vor vielen Jahrzehnten einmal tief berührt. Und jene alten Tage wirken bis heute nach. Gleich nach dem Abitur fuhr ich zum ersten Mal ins Kloster nach Taizé. Ein suchender Jugendlicher. Glaubensschwankend und verträumt mit Fantasien für die ganze Welt und das eigene, ach so kleine Leben. Unvergessen die Abendgebete in der Kirche mit hundert anderen Jugendlichen aus Europa und den Brüdern der Kommunität. „Bleibet hier und wachet mit mir, wachet und betet." Noch heute kommen mir Tränen, wenn ich dieses Gebet singe.

„Meine Kraft ist in deiner Schwachheit mächtig."

So sind wir suchende, verletzliche Wesen und wollen durch die Nächte kommen, in denen das Unheil des Tages und die Angst vor dem Morgen getragen und verwandelt werden. Sieben Wochen ohne Härte lassen mich auf diese Worte Jesu schauen. Wie können wir zusammen ansehen, was uns selbst nicht ruhen lässt. In welchem Mitgefühl tragen wir am Leid dieser Welt. Erschüttert Tag um Tag von Tod und Unheil, die über diesen Erdball kommen.

„Meine Kraft ist in deiner Schwachheit mächtig", hört Paulus von Gott. Und: „Lass dir an meiner Gnade genügen" (2. Korinther 12,9). Gottes Sprechen zeigt Gefühl. Es verändert von innen. „Selig bist du, Petrus." Noch immer ein Felsen, auf den man bauen kann. Nicht aufgrund von Unerschütterlichkeit. Sondern weil er erschütterbar ist. Und er weiß darum.

Wer einen Turm bauen will, der lange steht, wird planen, wohin die Kräfte abfließen können. Das Leben wird von innen und außen fortwährend erschüttert. Was die Kräfte auffängt, ist Mitfühlen und Verstehen, Helfen und Heilen. Petrus durchlebt starke Erschütterungen und weiß, was es bedeutet, wenn sie jemand aufnimmt. Jesus baut auf ihn, und er nennt uns selig. Wir werden erschüttert; müde, überfordert, unvermögend. Doch Gott lässt uns nicht zerbrechen. Einfühlend nimmt er uns auf, schwingt mit in unserem Leben.

In welcher Situation konnten Sie Gottes Unterstützung bereits spüren?
Wo würden Sie sich etwas davon wünschen?

....

....

....

....

....

....

....

....

....

....

....

„Was dich verletzlich macht,
macht dich schön.“
Brené Brown

VERSUCH'S, KANINCHEN 3

Fabian Vogt

„Wie ist es gelaufen? Also: mit Ihrer Verabredung?“ Dr. Sanary überprüfte meinen Blutdruck und hörte mein Herz ab. Das Stethoskop war kalt. Richtig kalt sogar.

Ich schaute auf den Boden: „Schwer zu sagen. Ich frage mich, ob ich sie nicht überfordert habe. Ich saß da mit dem Gefühl ‚Alles ist möglich‘ und habe sie mit meinen Gefühlen überschüttet. Das war sie wohl nicht gewohnt. Von einem Mann!“

Die Ärztin lachte in weiblicher Solidarität. „Wie hat sich das für Sie angefühlt?“

„Die Offenheit? Oh ... gut. Ich habe gemerkt, wie oft ich meine Gefühle verdränge. Deshalb: Ja, es hat unfassbar gutgetan, meinem Herzen Luft zu machen. Nur, wie gesagt: Ich hatte den Eindruck, Johanna hätte so eine grüne Tablette auch gutgetan. Jedenfalls hat sie sich nach dem Essen relativ bald verabschiedet.“

Ich musste schlucken: „Um ehrlich zu sein: Ich habe Angst, dass ich es vermasselt habe. Andererseits: Die Offenheit fühlte sich richtig an. Und ohne ‚Cumaffectu forte‘ hätte ich meine Kommilitonin ja vermutlich gar nicht erst angesprochen.“

Die Ärztin hielt mir wieder die Tablettenbox hin. Im dritten Fach leuchtete eine gelbe Pille. „Dann passt die hier in Ihrer Situation vielleicht ganz gut. Sie unterdrückt unseren Drang, die eigene Verletzlichkeit zu ignorieren …“

Ich schluckte die Tablette und sagte sarkastisch: „Toll, damit ich mich in meiner Dusseligkeit suhlen kann, oder was?“

Rebekka Sanary schüttelte den Kopf: „Nein, damit Sie die Unsicherheit, von der Sie gesprochen haben, bewusster wahrnehmen. Damit Sie lernen, Ihre Schatten zu umarmen – wie man heute sagt. Denn die sind ja eh da. Doch anstatt sie zu verdrängen, lernen Sie, mit Ihnen zu leben.“

“ Damit Sie lernen, Ihre Schatten zu umarmen. ”

In diesem Moment pingte mein Handy. Johanna!

„Schauen Sie ruhig. Sonst sind Sie gedanklich ohnehin nicht mehr bei mir.“

Ich öffnete die Nachricht: „Tut mir leid, dass ich unseren schönen Abend so abrupt beendet habe. Würde dir gerne sagen, warum. Lust auf einen Spaziergang im Stadtpark? 15 Uhr am Eingang?“

Ich antwortete in Großbuchstaben: „JAAAA!“

Ich glaube, ich habe mich noch von Frau Sanary verabschiedet. Könnte es aber nicht beschwören.

Johanna hatte einen Hut auf. Einen neckischen, roten Hut. Sehr stylisch. Mit einem markanten Signet. Sie umarmte mich zur Begrüßung. Länger, als ich es erwartet hätte.

„Na, Mister Offenherzig. Trägst du wieder dein Herz auf der Zunge?"

Ich biss mir auf die Unterlippe. Dann sagte ich: „Ich freue mich total, dass du dich gemeldet hast. Nach unserem Date war ich überzeugt, dass du mich nicht mehr sehen willst. Einen Typen, der so ungehemmt daherkommt ..."

Sie hakte sich bei mir ein. „Jetzt bin auch mal ganz offen. Nach deiner Ehrlichkeitsattacke war ich überzeugt, dass du dich nicht scheust, mich gleich zu fragen, ob du mit zu mir darfst. Und ich war mir nicht sicher, ob ich das wollte. Schon wollte."

Sie schaute mich an: „Aber das war nicht der Grund für meinen Abgang. Meine Oma ist im Hospiz, und ich hatte an unserem Abend plötzlich das Gefühl: Ich müsste noch mal zu ihr. Ein letztes Mal. Und tatsächlich: Sie hat mich noch erkannt. An diesem Abend. Und mit mir geredet. Seither ist sie nicht mehr ansprechbar."

„Danke, dass du mir das erzählst. Hey, du weinst ja. Wart ihr euch sehr nah?"

Sie wischte sich die Tränen aus dem Gesicht. „Ja, ich bin bei ihr aufgewachsen, weil meine Eltern viel unterwegs waren. Sie hat mir all die Geschichten erzählt, die mich stark gemacht haben ... Hey, was ist denn? Du weinst ja auch."

„Weiß nicht! Weil du traurig bist. Weil mir in meiner Kindheit keiner Geschichten erzählt hat. Weil ich dich nicht trösten kann."

„Du weinst mit mir. Das ist tröstlich!"

Mit wem haben Sie schon zusammen geweint?

BLEIBT HIER UND WACHT!

Christiane Birgden

„Meine Seele ist betrübt bis an den Tod." – Jesus sagt das nicht leise in sich hinein. Er sagt es laut. Erst zu seiner gesamten Jüngerschaft, dann zu Jakobus, Johannes und Petrus, zuletzt spricht er mit Petrus allein: Bleibt hier. Wachet mit mir.

Doch jedes Mal schlafen sie ein.

Selten haben wir Jesus vorwurfsvoller und enttäuschter erlebt. Selten genug, dass er überhaupt eindeutig sagt, was er will, und dann das: Die Jünger schlafen ein. Die Müdigkeit ist einfach zu groß nach dem Programm der letzten Wochen. Wer wollte das den Jüngern verübeln. Im Garten Gethsemane erleben wir Jesus ungewohnt bedürftig. Der, der dem Sturm befielt und Tote ins Leben zurückholt, bittet seine Freunde: Bitte, bleibt!

Doch die Jünger schlafen ein. Drei Mal.

Aber dabei bleibt es nicht. Nach der Auferstehung dreht Jesus das Ganze um. Er sagt seinen Jüngern genau das zu, was ihm versagt blieb: „Siehe, ich bin bei euch alle Tage bis an das Ende der Welt."

Jesus gibt uns das, wozu wir nicht in der Lage sind. Er bleibt. Auch dann, wenn andere gehen. Wenn Krankheit und Tod in ein Leben kommen, wenn der Erfolg ausbleibt und die Vita einen Knick bekommt. Er weiß, wie gut das tut, wenn einer da ist, der versteht, der sagt: Ich weiß.

Es ist Jesu Menschlichkeit, seine tiefe Verletzlichkeit, die er uns in Gethsemane offenbart. Sie ist es, die ihn uns nah sein lässt in den Krisenmomenten unseres Lebens.

Haben Sie auch schon einmal „geschlafen", als Sie hätten helfen sollen? Wurde Ihnen verziehen?

MIT VERLETZLICHKEIT – FASTENGEDANKEN

Christina Brudereck

Es ist Nacht.
Und niemand ist stark.
Nicht der, der betet.
Nicht die, die schlafen.
Alle sind verletzlich.

Jesus weint.
Seine Stimme zittert.
Er hat Angst.
Bittet um Nähe.
Ein Mensch, der nicht fordert, sondern fleht.
Nicht herrscht, sondern hofft.
Ein Freund, der nicht siegt – der uns braucht.

Und die anderen?
Sie sind erschüttert, verunsichert.
Nicht gleichgültig – erschöpft.
Sie schlafen ein.
Weil das alles zu viel ist.
Weil Nacht ist.

Ich entdecke mich
in den Schlafenden, die wachen wollen.
Ich bin die Fassungslose.
Ich kenne die Nacht,
in der ich gebraucht wurde – und nicht wach blieb.
Ich weiß: Müdigkeit kann uns besiegen.
Ich finde mich wieder in der Lücke
zwischen Wollen und Schaffen,
Anspruch und Wirklichkeit,
Ideal und tatsächlichem Gelingen.

Ich entdecke mich auch in der Bitte.
Habe auch schon gesagt: Bleib doch bei mir.
Nur für einen Moment.
Ich entdecke mich in der Sehnsucht,
nicht allein gehen zu müssen.
In dem inständigen Wunsch, Hilfe zu finden,
Unterstützung, Gemeinschaft.

Ich denke an die, für die jetzt Nacht ist.
Die nie Ruhe finden.
Im Krieg. In der Notunterkunft.
Die Schicht für Schicht arbeiten.
In Krankenhäusern. Pflegeheimen.
Ich denke an die Unsichtbaren.
Die unsere Welt mittragen.
Still. Mit Gefühl.

Es ist Nacht.
Und niemand ist stark.
Es ist Fastenzeit.
Nicht leisten. Nicht überbieten.
Sondern aufspüren:
Dass wir alle verletzlich sind.

Mit Jesus:
Der berührbar, bedürftig, angreifbar ist.
Sichtbar in seiner Menschlichkeit.
Die uns auffordert, zu bleiben.
Nicht perfekt, doch verbunden.
Weggefährt:in.

Und mit der Ewigen:
Trostkraft ohne Worte.
Geistkraft.
Unermüdliches Atmen.

Mit Gefühl.
Mit Müdigkeit.
Mit Erschütterung.
Mitgehen, wenn andere nicht mehr können.
Nicht allein in der Angst.
Mit Verletzlichkeit.

Zünde heute eine Kerze an.
Nicht als Deko, sondern als Zeichen.
Vielleicht am Abend.
Wenn die Müdigkeit kommt.
Wenn du allein bist.

Für die, die wachen.
Und für die, die nicht mehr können.
Für dich selbst, wenn deine Seele schwer ist.
Oder für jemanden, den du nicht vergessen willst.

Stell die Kerze ans Fenster.
Oder mitten auf den Tisch,
zwischen das Chaos des Tages.
Und wenn du willst, sag leise:
Bleib hier und wach mit mir.

Eine kleine Flamme fürs Dasein.
Mit Gefühl.
Mit Verletzlichkeit.
Mit Jesus.

EINER SCHLÄFT NICHT

Petra Schulze

Kaffeeduft zieht durch die Räume der WG. Sie blinzelt. Die Sonne scheint durch die Fenster in ihr Zimmer. Geld für Rollos oder Vorhänge hat sie nicht. Es fühlt sich schwer an. Alles. Das Studium. Die Arbeit. Das ganze Leben. Sie ist diszipliniert. Hält ihre Abgabetermine an der Uni ein. Lernt. Bereitet Seminare vor oder liest Druckfahnen für ihren Professor Korrektur. Das ist ihr erster Job. Nebenbei arbeitet sie im Zweitjob noch in einem kleinen Café in der Nachbarstadt. Mit der U-Bahn ist das von der WG aus gut zu erreichen. Meist kommt sie erst kurz vor Mitternacht nach Hause. In der Küche wird jetzt gelacht. Sie zieht sich die Bettdecke über den Kopf. Sie müsste aufstehen. Aber es geht nicht. Es geht gar nichts mehr. Ihre Beine fühlen sich an wie Säulen aus Stein – ihre Arme liegen regungslos neben dem Körper. Sie versucht, die Hände zu bewegen. Nichts. Wie gelähmt liegt sie da. Keine Kraft für nichts. Nicht mal für ein Rufen oder Wimmern. „Jetzt ist's aus." Denkt sie und weiß nicht so genau, was jetzt wohl aus sein sollte ... „Jetzt ist's aus", wiederholt die Stimme in ihrem Kopf. Sie hat keine Wahl mehr. Einfach gegen die Erschöpfung angehen – völlig unmöglich. Der Körper versagt seinen Dienst. Angst kriecht in ihr hoch, bis in die Kehle, bis in den Kopf. Der schmerzt jetzt.

„Was, wenn ich jetzt nicht mehr zu reparieren bin? Wenn ich jetzt ganz kaputt bin?“ Sie weiß später nicht mehr, wie lange sie so gelegen hat. Was dann passiert ist. Wie sie die Kraft zum Aufstehen gefunden hat. Was sie weiß: Sie fängt endlich an zu erzählen, wie es ihr geht. Die anderen sind schockiert.

Lange hat niemand bemerkt, wie es ihr geht. Sie hat halt ein großes Bedürfnis nach Ruhe. Ist keine Partymaus. Na und?

Keiner hat bemerkt, dass sie sich mit der Zeit immer mehr zurückgezogen hat.

Doch was ist jetzt los? Sie reißt sich schon wieder zusammen.

Einer aber merkt: Das, was heute Morgen mit ihr passiert ist, das ist ein Kairos. Ein ganz entscheidender Moment. Ein Moment, der nicht ungenutzt verstreichen darf. Jetzt heißt es dranbleiben, wachsam bleiben. Er lässt sie heute nicht aus den Augen. Und als sie spät am Abend weinend in ihrem Zimmer zusammenbricht – da ist er da. Und ruft jemanden an, der helfen kann. Sie packen ihre Tasche und fahren los. Heute Abend beginnt ein neues, ein anderes Leben für sie. Weil einer wach ist. Weil einer keine Angst hat. Weil einer nicht schlafen gegangen ist, sondern für sie den Hörer in die Hand nimmt.

“ Jetzt heißt es, dranbleiben, wachsam bleiben. ”

EIN VERLETZTES LEBEN

Alexander Brandl

Es stimmt nicht, was da auf Wikipedia steht. Leichbitter soll es nur bis ins 19. Jahrhundert gegeben haben. Ich weiß, dass das nicht stimmt, weil ich eine Leichbitterin kenne. Sie kommt zur Welt, als die Titanic untergeht. Kurz vor dem ersten Weltkrieg. Sie ist nicht nur Leichbitterin, aber sie ist es auch. Es macht sie unrein. Für manche für immer. Es bringt aber auch ein paar Reichspfennige ein. Reinheit muss man sich leisten können. Wenn einer stirbt, trägt sie die Kunde ins Nachbardorf. Und ins Dorf dahinter. Sie lädt zur Leich ein. Zum Begräbnis. Sie tut das durchs offene Fenster, die Häuser betritt sie nicht. Sicherheitsabstand. Man weiß ja nie beim Tod. Später hat sie zwei Kühe. Da lachen andere. Aber sie sagt: Es sind meine zwei Kühe. Im Ofen in der Küche schürt sie noch mit Feuerholz, da läuft bei den Nachbarn schon RTLZWEI. Von der alten Zeit sagt sie: Aber er hat viele Autobahnen gebaut. Die Kinder schütteln den Kopf. Als sie stirbt, weinen wir alle.

“ Man weiß ja nie beim Tod. ”

Wie kann das sein? Keine Würde zuerkannt. Aber fleißig und freundlich und feinsinnig bis ans Ende. Ich wäre zerbrochen wie hin und wieder eine der Milchflaschen, die der Milchmann ihr in den Hof stellt, als die Kühe tot sind. Ich schwirre um Anerkennung wie die Fliegen um den Dung hinter ihrem Haus. Ein verletztes Leben. Meines oder ihres? Auf der niedrigen Bank neben der niedrigen Eingangstür liegt an guten Tagen ein Büchlein mit Ledereinband und an schlechten Tagen auch. Lieder. Gebete. Zwischen die Seiten hat sie Andachtsbilder und Sterbebilder gesteckt. Sie betet mit mir das Vaterunser, als ich klein bin. Ich schäme mich, weil man das in der Kirche betet. So höre ich ja meine Stimme beim Beten. Und ihre. Ich schäme mich schnell und werde rot. Sie betet viel, und sie schämt sich dabei nie. Sie ist eine ausdauernde Beterin. Ihrem Herrgott verdankt sie alles. Sie hat den Dank im Blut. Sie betet leise und manchmal laut, am Tag und in der Nacht, wenn sie schlecht schläft und wach liegt, was sie oft tut, aber am liebsten auf der Bank. Sie betet viel für die Kinder. Für die Enkelkinder. Damit die auch einmal auf so einer schönen niedrigen Bank in der Sonne beten können. Und sich niemals schämen.

“ Ihrem Herrgott verdankt sie alles. Sie hat den Dank im Blut. ”

GEHEIMRATSECKEN

Leah Weigand/Marco Michalzik

Ich denke, du kennst keinen Staub,
keine quietschenden Türen
und keine chaotischen Ecken,
und so denke ich,
ich müsse die meinen verstecken.
Ich denke, du kennst keine Bodenwellen
und Deckendellen,
keine unausgepackten Taschen,
keine ungewaschenen Kleiderberge,
keine essensangetrockneten Teller
und keine Leichenkeller.

Und als ich dir das sage,
zeigst du nur ein müdes Schmunzeln, das spricht:
Wenn du wüsstest, dann dachtest du nicht.
Also bitte ich dich:
Sei mal traurig und sei mal schwach.
Sei mal ängstlich und weinerlich.
Sei schmerzerfüllt und verletzlich.
Sei mal hoffnungsleer und zweifelsvoll.
Zeig mir deine Herzensscherben
und erzähl mir mal mit schwachen Verben,
was dir zu peinlich ist zu fragen
und zu schwer ist zum Tragen.

Sei mal ungewaschen und unrasiert.
Sei mal der Letzte, der den Witz versteht,
und der Erste, der friert.

Denn vielleicht sind es diese ungeschliffenen
Wackelbretter,
die aneinandergereiht einen kilometerweit
langen Steg bilden,
unsere Menschlichkeitsschluchten überbrücken,
so dass wir wirklich näher rücken
und am Ende das sind,
was uns tragend verbindet.
Vielleicht kannst du in meinen Schwächen stark sein.
Und vielleicht sind manche hässlich dunklen Ecken
in deinem Licht sogar schön.
Vielleicht wäre ich überrascht,
was diese Hölzer alles tragen.
Vielleicht fällt es mir schwer, das zu glauben,
und vielleicht könnte ich dir das ja mal sagen.

Mit Verletzlichkeit

Frank Muchlinsky

„Es ist gegen meine Natur, schwach zu werden."
Karl Lagerfeld

Unausgesprochene Wünsche werden ausgesprochen selten erfüllt. Dieser weise Satz stammt nicht von mir, aber ich habe ihn mir angeeignet. Wenn wir etwas bekommen möchten, tun wir gut daran, diese Bitte auszusprechen. Das leuchtet unmittelbar ein, darum drängt sich die Frage auf, warum es uns oft so schwerfällt, um das, was wir brauchen, zu bitten.

Häufig ist es wohl die Befürchtung, enttäuscht zu werden, weil man nicht bekommt, was man doch will. Das ist vor allem dann problematisch, wenn wir die Person mögen, von der wir uns etwas wünschen sollen. Was, wenn die meinen Wunsch nicht nachvollziehen kann? Was, wenn sie ihn für unangemessen oder irgendwie merkwürdig hält? Also warten wir oft lieber ab, bis das Gegenüber vielleicht einfach merkt, was wir gern hätten. Wie gesagt: Das klappt ausgesprochen selten.

Ein weiterer Grund für unsere Zögerlichkeit an dieser Stelle könnte sein, dass wir uns mit einer Bitte als „bedürftig" zeigen. Wer um etwas bittet, scheint etwas zu brauchen, und das passt häufig nicht in unser Selbstbild. Vielleicht ist das der Grund, warum Männern nachgesagt wird, noch größere Probleme mit dem Wünschen und Bitten zu haben als Frauen. Männlichkeit wird häufig mit Unabhängigkeit assoziiert: Ein Mann, der etwas braucht, besorgt sich das. Wer bedürftig ist, wirkt schwach.

Trotzdem gibt es Situationen, in denen jeder Mensch Hilfe braucht. Als Jesus weiß, dass er bald verhaftet und getötet werden wird, nimmt er sich drei Freunde mit, beginnt zu zittern und offenbart ihnen: „Meine Seele ist betrübt bis an den Tod.“ Er bittet sie, wach zu bleiben, während er betet. Jesus zeigt sich in seiner ganzen Bedürftigkeit. Er äußert seine Bitte sehr direkt, und dann geschieht genau das, wovor man sich fürchtet, wenn man um etwas bittet: Die drei verstehen den Wunsch nicht. Sie kapieren nicht, wie dringend Jesus sie gerade braucht. Vielleicht können sie nichts anfangen mit einem Jesus, der bedürftig und schwach ist. Das letzte Mal, als Jesus genau diese drei mit sich nahm, ging es auf einen Berg. Und dort offenbarte sich Jesus in aller Herrlichkeit und Stärke. Vielleicht können die drei Jünger mit einem Jesus am Tiefpunkt einfach nichts anfangen.

Wie reagiert Jesus darauf? Zunächst einmal versucht er nicht, sich „zusammenzureißen“. Er überspielt seine Enttäuschung und seine Schwäche nicht, sondern er bittet noch einmal, ja sogar noch zweimal um das, was er jetzt braucht. Jesus macht ihnen auch keine lauten Vorwürfe, eher leise spricht er von seiner Enttäuschung. Auch ausgesprochene Wünsche werden nicht unbedingt erfüllt.

Es ist an der Zeit, dass wir sagen, was wir brauchen. Und es ist an der Zeit, dass wir hinhören, wenn uns jemand um etwas Dringliches bittet. Vertrauen wir nicht auf die Unabhängigkeit von Personen, die wir sonst als stark wahrgenommen haben.

Wo brauchen Sie Hilfe, wen können Sie darum bitten und wann fangen Sie damit an?

7 WOCHEN OHNE

Mitgefühl / 4

„Freut euch mit den Fröhlichen, weint mit den Weinenden.“

Römer 12,15 (Lutherbibel 2017)

Mitgefühl

Ralf Meister

BIBLISCHE MINIATUR
ZU RÖMER 12,15

Tränen fordern Mitleid. Das laut weinende Kind oder die stummen Tränen des Schmerzes rühren an und lassen mitfühlen.

Deshalb riet der Kirchenlehrer Thomas von Aquin im 13. Jahrhundert, wenn jemand einen schmerzlichen Verlust erleidet, wenn er von tiefer Traurigkeit ergriffen wird, so möge er seine Freunde besuchen gehen. Er möge ihnen sein Leid klagen, sich ausweinen und seufzen und dann – ihr Mitleid genießen. Diese Kultur des Mitleids hat ihren Ausgangspunkt in der Bibel. „Was ihr einem von meinen geringsten Brüdern getan habt, dass habt ihr mir getan“, sagt Jesus. Das Leid, welches einem anderen Menschen zustößt, kann mir nicht gleichgültig sein, weil wir vor Gott alle Geschwister sind. Jede mitfühlende Geste ist damit auch ein Verweis auf Gott selbst. Wir stehen uns stellvertretend bei und bezeugen einander darin Gottes Gegenwart in dieser Welt.

Aber so tröstend, wie das Mitleid für den Leidenden ist, so zahlreich fließen auch Tränen, die kein Mitleid fordern. Wie viel nutzloses Weinen ist in der Welt! Millionen von Menschen weinen im Kino, vielleicht sogar Milliarden Menschen weinten bei Fernsehübertragungen von königlichen Trauerfeiern. Wir sind eine Gesellschaft, die weint über inszenierte Verlusterfahrungen, über Abschiedsdramen und verlorenes Glück – und die massenhaft weint, kollektiv Tränen vergießt. Das scheint widersprüchlich zu sein.

„Wie viel nutzloses Weinen ist in der Welt!"

Denn was fällt uns nicht alles ein, über das keine einzige Träne vergossen wird, obwohl es doch zum Heulen ist. Die Ungerechtigkeit der Verteilung in der Welt. Wer weint darüber, dass ein Wirtschaftssystem und die Gleichgültigkeit der Menschen tagaus, tagein Abertausende verhungern lassen? Wer weint über all die ermordeten Menschen in den Diktaturen dieser Welt? Wer weint darüber und hat Mitleid?

Augustinus hat in seinen Bekenntnissen dieses nutzlose Weinen und das Nicht-Weinen beschrieben: „Manche Dinge in diesem Leben sind umso weniger

Grund zum Weinen, je mehr um sie geweint wird, und sie sind umso mehr Grund zum Weinen, je weniger man darüber weint." Tränen sind ein persönlicher Ausdruck des Mitgefühls und der Trauer. Doch „Mitgefühl ist eine instabile Gefühlsregung", sagt die Autorin Susan Sontag. „Es muss in Handeln umgesetzt werden, sonst verdorrt es."

Wo würden Sie gern Mitgefühl in Handeln umsetzen?

....

....

....

....

....

....

....

....

....

....

....

....

....

„Menschen zu finden,
die mit uns fühlen
und empfinden,
ist wohl das schönste
Glück auf Erden."
Carl Spitteler

VERSUCH'S, KANINCHEN 4

Fabian Vogt

Die Arzthelferin von Dr. Sanary bat mich, noch einen Moment im Wartezimmer zu warten; einem mit weiten, cremefarbenen Stühlen ausgestatteten, ansonsten aber schmucklosen Raum. Dazu die üblichen Zeitschriften.

Mir ging durch den Kopf, wie ich mit Johanna nach unserem Spaziergang auf der Holzbank am Weiher gesessen hatte – und überlegte, ob ich jemals zuvor zu einem Menschen so offen gewesen war. Ob ich jemals jemandem so vertraulich von meinen Schwächen, meinen Unzulänglichkeiten ... und auch meiner Wut erzählt hatte.

Ja, meiner Wut. Mir war nämlich gar nicht bewusst gewesen, wie viel Wut ich in mir hatte. Auf meine Eltern, die sich hatten scheiden lassen, als ich zwölf war, und mir damit eine behütete Kindheit geraubt hatten, auf meine Professorin für Medientheorie, die meine kreativen Ideen nicht verstand ... und auf mich selbst. Auf mein ewiges Overthinking, das dazu führte, dass ich mir immer das Schlimmste ausmalte ...

Aber Johanna hatte zugehört. Und: Meine Aufrichtigkeit hatte dazu geführt, dass sie anfing, ebenfalls von ihren Verletzungen und Abgründen zu sprechen ...

Rebekka Sanary stand in der Tür und unterbrach meine Gedanken: „Schön, Sie zu sehen." Sie kam zu mir ins Wartezimmer. „Blutabnehmen macht gleich die Schwester. Das andere können wir auch hier erledigen." Sie hielt mir, wie jede Woche, die Tablettenbox hin, in dessen vorderstem Fach diesmal eine lila Pille lag.

“ Mir war nämlich gar nicht bewusst gewesen, wie viel Wut ich in mir hatte.

„Bislang ging es in unserer Studie vor allem darum, Gefühle zu befreien, die Ihre innere emotionale Entwicklung voranbringen – jetzt schauen wir mehr auf das Zwischenmenschliche. Zum Beispiel auf das Mitgefühl."

Sie drehte die Box um, schüttete die Tablette in meine Hand und fragte. „Warum sind Sie eigentlich ganz in Schwarz gekleidet?" Sie reichte mir einen Becher mit Wasser, damit ich die Pille leichter schlucken konnte.

„Ich fahre von hier direkt zu einer Beerdigung. Die Großmutter der Frau, von der ich Ihnen erzählt habe, ist gestorben.“

„Oh, kannten Sie die Dame?“

„Nein! Überhaupt nicht.“

Sie schaute mich neugierig an: „Dann ist das ja eine ziemlich persönliche Angelegenheit. Sind Sie sich schon so nahe?“

Ich musste einen Moment überlegen. Dann sagte ich, ein bisschen rau: „Da sehen Sie, was ‚Cumaffectu forte‘ mit mir macht.“

Der Pfarrer war ein erstaunlich guter Gitarrist. Er spielte: „I can’t help falling in Love with you“ von Elvis. Das Lieblingslied von Johannas Großmutter. Dann sprach er davon, welche Bedeutung die Liebe im Leben der Verstorbenen hatte – und dass sie vermutlich auch deshalb an einen Gott glauben konnte, von dem es in der Bibel mehrfach heißt, dass er die Liebe ist. Dann kam der berühmte Paulus-Text: „Die Liebe erträgt alles, sie glaubt alles, sie hofft alles, sie duldet alles.“ Stark!

Während Johanna bei der Familie saß, hatte ich mich in der Trauerhalle nach hinten gesetzt. Später, nachdem die Gäste kondoliert hatten, stellte ich mich zu ihr. Sie nahm meine Hand. „Danke, dass du da bist.“

„Was hast du denn deinen Eltern gesagt, wer dieser Typ ist, der seine Augen nicht von dir lassen kann?"

„Na ja, dass ich genauso verwundert bin wie sie, dass ein Mann, den ich erst seit kurzem kenne, mit dabei ist. Ein seltsam aufrichtiger Mensch mit viel Mitgefühl."

Als sie meine Aufrichtigkeit erwähnte, wollte ich ihr plötzlich auch mein aktuelles Geheimnis anvertrauen, unbedingt: „Johanna, ich muss dir was sagen: Ich nehme an einer Medikamenten-Studie teil, bei der es darum geht, emotionale Hemmungen zu überwinden. Darum bin ich so."

Sie sah aus, als fiele ihr alles aus dem Gesicht. Dann drehte sie sich wortlos um und lief davon.

Sind Sie schon einmal mit Ihrer Aufrichtigkeit angeeckt? Wenn Sie diese Situation wiederholen könnten: Würden Sie etwas anders machen?

AUGENHÖHE

Andrea Schneider

Seit fast 25 Jahren habe ich Multiple Sklerose, diese unheilbare, fortschreitende Erkrankung des zentralen Nervensystems. Die MS hat mir immer mehr meine Gehfähigkeit gestohlen. Unterdessen kann ich gar nicht mehr laufen und sitze im Rollstuhl.

Ein Rollstuhl macht klein. Leute gucken runter auf mich. Ich selbst sehe nicht in Gesichter, sondern auf Rücken und Bäuche. Das ist nicht schön. Und es nagt am Selbstbewusstsein: Will ich mich so zeigen, so behindert? Oder mich lieber zurückziehen, verstecken?

Manchmal tätscheln Leute meinen Arm, kriegen eine betuliche Stimme, wenn sie mit mir reden. Unangenehm. Oder Leute wollen mir ungefragt helfen bei irgendwas. Aber nur weil ich im Rollstuhl sitze, bin ich ja nicht blöd. Ich kann schon sagen, was ich will und was nicht. Wo ich Hilfe brauche und was ich alleine kann. Reagiere dann zuweilen auch zickig. Bin halt mehr als „die Behinderte“.

Das alles kostet Kraft. Macht manchmal neidisch auf das (anscheinend) so leichtgängige Leben anderer. Macht auch traurig. Wie gern würde ich einfach mal wieder laufen, am Strand entlang, die Füße im Wasser ...

Ein positives Selbst-Gefühl – oft nicht so einfach. Ein wohltuendes Mit-Gefühl – auch nicht. Was hilft? Unsicherheit zugeben. Achtsamkeit einüben. Sich in die Augen schauen. Zum Beispiel sich dafür nicht an einen hohen Stehtisch stellen, sondern zusammen an einen Tisch setzen. Vorurteil-Barrieren abbauen und Interesse-Rampen aufbauen: Erzähl mir von dir! Was fällt dir leicht und was schwer? Was belastet und was begeistert dich?

“Viele Barrieren müssen noch abgebaut werden.”

Ein Rollstuhl bringt in Bewegung. Leicht rolle ich dahin auf der barrierefrei angelegten Strandpromenade. Und genieße Wind und Weite. Mühsam holpere ich über das Kopfsteinpflaster in der Altstadt. Und stoppe an den Stufen zur Kirche. Viele Barrieren müssen noch abgebaut werden. Nicht nur aus Stein.

Fühlen und mitfühlen: Sich gemeinsam darüber ärgern und was dagegen tun, dass Menschen immer noch behindert werden, gleichberechtigt am Leben teilzuhaben.

Und sich zusammen freuen am Leben, das oft herrlich leichtgängig ist und zuweilen auch nervig holprig. Aber einfach schön. Ob zu Fuß unterwegs oder im Rollstuhl.

KEIN RATSCHLAG, KEINE FLOSKELN

Bernhard Felmberg

Normalerweise sieht man es einem Menschen sofort an, wie er oder sie sich fühlt – das ist eine grundlegende Fähigkeit, die jeder Mensch schon in die Wiege gelegt bekommt.

Manche haben sich aber ein Pokerface zugelegt und haben es gelernt, ihre Gefühle zu verbergen. So war es auch bei Stefan. Er war Teilnehmer bei einer Auszeit für Soldaten, die unter einer Traumafolgestörung leiden. Eigentlich eine sympathische, freundlich dreinschauende Erscheinung. Am zweiten Tag spricht Stefan den Militärpfarrer an: „Ich würde gerne Ihr Angebot zu einem Segensgespräch annehmen."

Am nächsten Vormittag treffen sich die beiden in einer ruhigen Ecke des Gartens im Schatten einer großen Linde. Nach kurzem Geplänkel packt Stefan aus und erzählt seine Geschichte, was er alles als Rettungsassistent in den 90ern in Bosnien, kurz nach dem Bürgerkrieg, erlebt hat. Meistens erzählt er mit monotoner Stimme, an den besonders emotionalen Punkten laufen die Tränen seine Wangen herunter.

Der Pfarrer sagt nicht viel. Er hört einfach nur zu, fragt hin und wieder, ob es Stefan gut geht, wenn er dies alles nach oben holt. Der nickt nur und ist erleichtert, dass er jemanden gefunden hat, der diese Geschichten aushält. Das tut ihm gut und verschafft ihm eine große Erleichterung: kein Ratschlag, keine Floskeln, kein Bedauern, kein Abwiegeln, kein Bewerten, sondern die schlichte Präsenz eines anderen, der seine Gefühle mitträgt.

Am Ende bietet der Militärgeistliche ihm einen Segen an. Er legt ihm die Hände auf den Kopf und die Schultern und sagt ihm alte Worte: „Gott segnet dich und behütet dich. Er schenke dir Frieden."

Als Stefan sich verabschiedet, steht ein Lächeln auf seinem Gesicht. Mitgefühl hat er schon lange nicht mehr erlebt.

Welche Erlebnisse würden Sie gern jemandem anvertrauen?

WIE ES SEIN KÖNNTE – ENDLICH

Ralf-Uwe Beck

Die Wege steinig
bleibt es wohin sie
auch fliehen sind sie
entkommen nur
angekommen nicht.

Die Grenzen offen jetzt
liegt das Land brach
wie wir selbst auch
sind wir den Fremden
nicht fremd nur uns selbst.

Auf einmal das Herz
pflügt das Land um
und die Angstnarbe unter
ziehen wir den Boden glatt
lesen die Steine vom Weg.

Die Hoffnung stirbt
zuletzt wirst du sehen
das Land wie es wirklich ist
sein könnte endlich
ist es einmal mein Land.

WHO CARES?

Friederike Goedicke

Hörst du das Schulterzucken? Den Zynismus?

Who cares?
Für mich ist das keine Floskel,
sondern eine existenzielle Frage:

Wer fühlt mit?
Wer trägt mit?
Wen interessiert's?

Paulus schreibt: „Freut euch mit den Fröhlichen und weint mit den Weinenden." Denn: Gemeinschaft funktioniert im Lastenteilen. Caring ist kein romantischer Bonus, sondern das Rückgrat unserer Gesellschaft.

Who cares?
Wer hört zu, kocht Tee, fährt los?
Wer macht den Abwasch,
kauft Kinderschuhe, geht zur Demo?
Und: Wer macht es mit mir, damit ich nicht allein bin?

Manchmal reicht ein kleiner Satz: I feel you. Fühl ich. Ein Kommentar unter einem Post, eine digitale Umarmung (( )) – ein Zeichen: Du bist nicht allein.

Manchmal brauch ich mehr. Ich wünsche mir lange Gespräche, ob im Lieblingscafé oder auf Hunderunde. Möchte gesehen werden und merken: Meine Gesellschaft ist gewollt.

Mich zu sorgen und zu interessieren, ist eine Entscheidung. Weder kann ich alles schaffen, noch muss mich alles kümmern. Die Freiheit zu entscheiden, welche Prioritäten ich setze und wann ich mich verletzlich zeige, ist Grundlage dafür, „I care" zu sagen. Gleichzeitig folgt aus dieser Freiheit ein Aushandlungsprozess um Fürsorge, Verantwortung und Gemeinsinn.

Who cares?
Welche Art von Gemeinschaft wollen wir sein?
Diese Frage ist anstrengend. Es braucht Mut (und Privilegien), zwischen Alltagssorgen und Sehnsucht Feste zu feiern. Mitzutragen, was sich sonst nicht trägt. Weich zu bleiben. Plätze freizuhalten und zu riskieren, versetzt zu werden. Freundschaften zu leben und Demokratie auch.

Darum: „Freut euch mit den Fröhlichen und weint mit den Weinenden."
Teilt die Care-Arbeit.
Und die Schokolade.

Mitgefühl

Frank Muchlinsky

„Geteilte Freude, doppeltes Leid“
Heinz Rudolf Kunze

Die Briefe von Paulus sind Fundgruben für meist kluge Ermahnungen. Im zwölften Kapitel seines Briefes an die Gemeinde in Rom findet sich eine lange Reihe von Anweisungen dazu, wie sich Paulus ein gutes Leben in der christlichen Gemeinschaft vorstellt. „Hasst das Böse, haltet euch an das Gute.“ „Vergeltet niemals Böses mit Bösem.“ „Seid nicht träge.“ Und so weiter und so fort. Und mittendrin der Vers, um den es hier geht: „Freut euch mit den Fröhlichen, weint mit den Weinenden.“

Das klingt empathisch und zugewandt. Und so ist es auch gemeint, da bin ich mir sicher. Paulus will, dass sich die Gemeindeglieder gegenseitig stärken, und das gelingt am besten, wenn man einander versteht. Wer einen anderen Menschen verstehen will, sollte nicht nur am Inhalt seiner Worte interessiert sein, sondern auch an der Motivation dieses Menschen, an seinen Gefühlen. In der Regel kann man die Gefühle einer Person, der man aufmerksam zuhört, leicht erkennen. Je länger man zuhört, desto mehr wird das Gegenüber auch die eigenen Gefühle zeigen. Das setzt allerdings voraus, dass man nicht zuhört wie eine Wand. Wer beim Zuhören selbst keinerlei Reaktion zeigt, entmutigt die redende Person.

„Freut euch mit den Fröhlichen" muss also nicht heißen, dass man über jede lustige Bemerkung in einem Gespräch in schallendes Gelächter ausbricht. Ein Lächeln reicht vollkommen aus, um zu signalisieren: „Ich bin bei dir, ich höre dich." Man muss sich nicht unbedingt von der Freude „anstecken" lassen, es reicht zu signalisieren, dass man sie erkennt. Vielleicht freut man sich ein wenig mit. Und „weint mit den Weinenden"? Hier gilt zunächst dasselbe: Wir tun gut daran, angemessen traurig zu sein, wenn uns jemand weinend etwas erzählt. Und ja, warum nicht selbst feuchte Augen bekommen und mit den Weinenden weinen?

> “ Freut euch mit den Fröhlichen. ”

Ich bin allerdings froh darüber, dass Paulus hier nicht schrieb: Seid traurig mit den Traurigen. Beim Zuhören ist es immer auch wichtig, dass wir ein Gegenüber bleiben. Wenn ich selbst traurig *werden* müsste, wäre der tatsächlich traurigen Person nicht unbedingt geholfen. Weinen ist ein Ausdruck von Traurigkeit, nicht die Traurigkeit selbst. Wenn ich mit jemandem weine, bleibe ich immer noch an der Oberfläche des Wassers und lasse mich nicht unbedingt „herunterziehen". Wenn ich mich herabziehen lasse, kann es dazu führen, dass die traurige Person sich zusätzlich schlecht fühlt, weil sie mir das „angetan" hat.

Es ist an der Zeit, dass wir einander gut zuhören. Lange und mit der selbstgestellten Aufgabe, unser Gegenüber tatsächlich zu verstehen. Es ist an der Zeit, beim Zuhören zu lächeln und zu weinen.

Wo haben Sie sich zuletzt von einem Lachen angestecken lassen oder jemanden damit angesteckt?

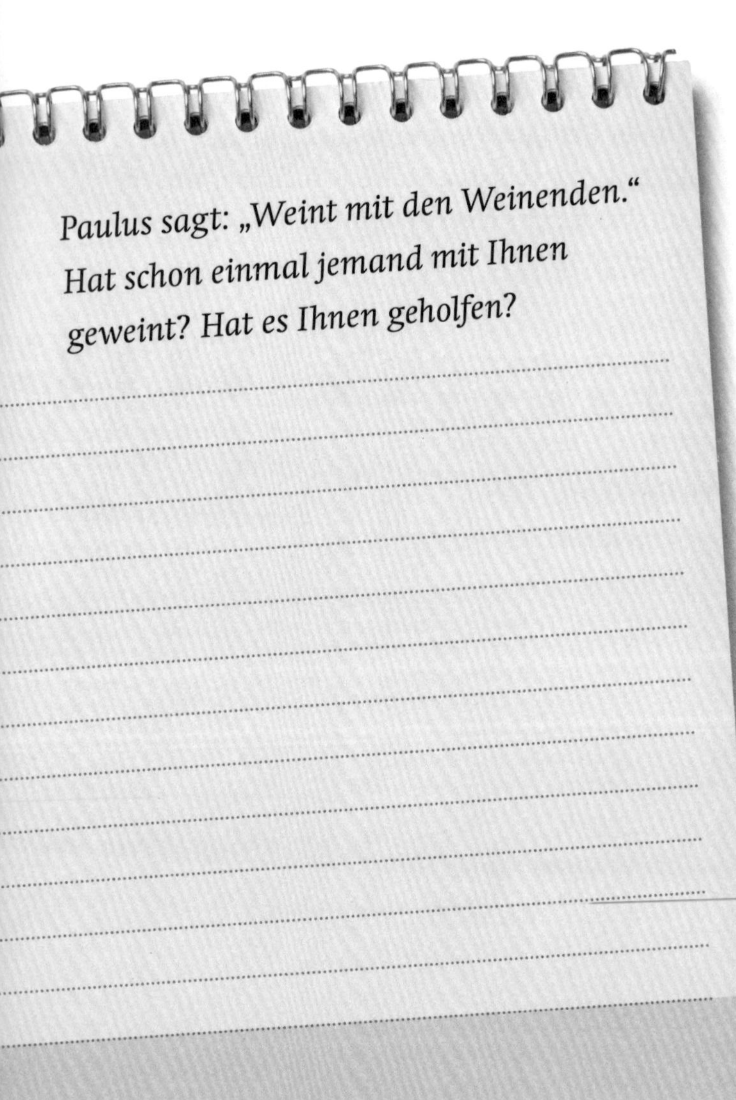
Paulus sagt: „Weint mit den Weinenden."
Hat schon einmal jemand mit Ihnen
geweint? Hat es Ihnen geholfen?

7 WOCHEN OHNE

Mit Nachfragen / 5

„‚Wer ist denn mein Nächster?‘, fragte ein Gesetzeslehrer Jesus.“

Lukas 12,29 (Lutherbibel 2017)

Mit Nachfragen

Ralf Meister

BIBLISCHE MINIATUR ZU LUKAS 12,29

„Wie geht's?" – ein Satz, den man oft nach einem „Hallo" hört. Meistens ist er nur Floskel. Doch wenn er ernst gemeint ist, wird er zur Einladung: „Du kannst mir erzählen, was dich beschäftigt. Nur so viel, wie du magst. Ich höre dir zu, ich habe Zeit für dich." Ehrliche Fragen öffnen Türen.

Andere Fragen hingegen schützen uns, halten Distanz. Sie bohren, treiben in die Enge. Fangfragen wollen einen Verdächtigen überführen. Der Schriftgelehrte sucht mit seiner Frage vermutlich nur seinen Ausweg aus der Verantwortung.

Mein Großvater tat das nie. Dorfschulmeister im Ruhestand, übervoll mit Lebenserfahrung. Wenn er mich etwas fragte, lag darin immer Wohlwollen. Seine

Stimme war tief und warm, seine Fragen trugen keine Falle in sich. Für einen kleinen Jungen gab es viele Fragen, vor denen man sich fürchten musste: „Warum hast du nicht ...? Wieso bist du, obwohl ich dir gesagt hatte ...? Kann es sein, dass du wieder einmal ...?“ Seine Fragen dagegen waren voll freundschaftlicher Neugier. Ich liebte ihn. Als ich als Dreijähriger gefragt wurde, wie ich heiße, habe ich gelegentlich nicht meinen Namen gesagt, sondern „Opajung“. So nannten mich meine Eltern manchmal.

Jesus ist ein Meister solcher Fragen. Den Vater eines kranken Jungen fragt er: „Wie lange ist es, dass ihm das widerfährt?“ (Markus 9,21). Den Blinden am Weg: „Was willst du, dass ich für dich tun soll?“ (Lukas 18,41). Es ist nicht nötig, sofort alles beantworten zu können. Es genügt, dass wir einen Raum öffnen, um zu antworten. Fragen, die sprachlos machen, sind Vernichtungsinstrumente. Man sagt dann vielleicht „Gute Frage“, weil man keine Antwort weiß. Doch eine Frage ist nur dann gut, wenn sie etwas ermöglicht, nicht, wenn sie blockiert.

Nachfragen im Sinne Jesu hingegen schaffen Nähe, fördern Beziehung, zeigen echtes Interesse. Sie helfen, sie heilen. Wäre es nicht eine Kunst, einander so fragend zu begegnen? Die Wochen der Fastenzeit könnten ein Übungsraum dafür sein – Fragen zu stellen ohne Härte, ohne Hintergedanken, ohne den Drang, jemanden zu überführen.

Mein Großvater konnte das. Er setzte sich neben mich, stupste sanft mit der Schulter und stellte eine einfache Frage. Ich durfte selbst entscheiden, wie viel ich erzählte. An einem Tag nur wenig, am nächsten vielleicht mehr. Seine Fragen waren wie offene Türen: Sie luden ein, und wenn ich bereit war, konnte ich hindurchgehen in einen Raum voller Vertrauen und Mitgefühl.

Wen würden Sie gern einmal „zum Reden bringen"? Wie könnte das gelingen?

„Wer fragt,
ist ein Narr
für eine Minute.
Wer nicht fragt,
ist ein Narr
sein Leben lang."
Konfuzius

VERSUCH'S, KANINCHEN 5

Fabian Vogt

Ich hatte keinen Termin, stürmte aber – an der Empfangsdame vorbei – direkt ins Zimmer der Ärztin. Rebekka Sanary telefonierte, verabschiedete sich aber sofort von ihrem Gesprächspartner, als sie mich sah, und erhob sich. Sie war eine erstaunlich große Frau: „Was ist los? Gibt's doch Nebenwirkungen?"

„Das kann man wohl sagen!" Ich musste erst mal Luft holen. „Ich habe der Frau, von der ich Ihnen erzählt habe, gestanden, dass ich an der Studie für ‚Cumaffectu' teilnehme ... und sie ... hat mich einfach stehen lassen. Ist weggelaufen. War völlig aufgebracht ..."

Die Ärztin unterbrach mich: „Aber Sie haben doch selbst erwähnt, wie wichtig es ist, sich selbst und anderen gegenüber ehrlich zu sein."

„Darum geht es gar nicht. Ich habe Johanna offensichtlich total enttäuscht ... oder verletzt ... oder schockiert ... keine Ahnung. Jedenfalls: Sie ist weg."

Rebekka Sanary setzte sich wieder hin. Sie dachte einen Moment nach, dann sagte sie: „Es war die Beerdigung ihrer Großmutter. Da ist jede und jeder dünnhäutig. Reden Sie mit Ihrer Bekannten und erklären Sie ihr alles."

> Für Gefühle gibt es keine Grenzen.

Aus irgendeinem Grund blieb mein Blick in diesem Moment an einem Bild hängen, das hinter der Ärztin an der Wand schwebte: ein stilisiertes Herz mit einem Sinnspruch: „Für Gefühle gibt es keine Grenzen. Ingmar Bergmann." Vor allem aber: Der Grafiker hatte den extravaganten Font „Balsamine" genommen, ziemlich hippe Schrift.

„Warum rufen Sie Johanna nicht einfach an?"

Ich schaute wieder zu ihr rüber und sagte: „Ich traue mich nicht. Was soll ich ihr denn sagen?"

Dr. Sanary stand auf, ging zum Sideboard und hielt die mir inzwischen schon vertraute Tablettenbox hoch: „Manchmal fügen sich Dinge auf unerwartete Weise: Die fünfte Dosis von ‚Cumaffectu forte' stärkt Ihre Fähigkeit, auf andere zuzugehen, mit ihnen unverkrampft zu kommunizieren und ... wie soll ich es ausdrücken ... insgesamt lieber mit Menschen als über Menschen zu reden."

Ich nahm ihr die Box einfach aus der Hand, nahm die diesmal orangefarbene Pille heraus und steckte sie in den Mund. Dann schluckte ich sie runter – mit Wasser aus dem Glas, das die Ärztin offensichtlich für sich auf den Schreibtisch gestellt hatte. Dann ging ich.

Ich wusste, dass Johanna am Nachmittag eine Vorlesung über „Motion Graphics“ hatte und wartete vor dem Gebäude auf sie. Sie verzog das Gesicht, als sie herauskam und mich entdeckte.

„Hey, tut mir leid. Echt. Ich hätte es dir gleich erzählen sollen.“

Johannas Augen blitzten: „Wer sagt das jetzt? Du oder das Wesen in dir, das durch irgendwelche Mittelchen hervorgelockt wurde? Du oder ... Frankenstein?“

„Hey, das ist nicht fair. Dieses Mittel setzt nur Wesenszüge frei, die ohnehin in mir sind. Es hilft mir, der zu sein, der ich sein kann und möchte.“

„Aber nicht der, der du bist!“ Sie sah mir lang in die Augen: „Ich habe noch nie einen Mann wie dich getroffen, einen, der so gefühlvoll, so offenherzig, so aufrichtig ist. Das ist ... das war ... wundervoll. Und dann erzählst du mir, dass du ein Versuchskaninchen bist. Ein emotional gedopter Proband. Nein danke. Was soll ich dir denn da noch glauben?“

„Johanna, so ist das nicht. So, wie ein Kopfschmerzmittel Kopfschmerzen beseitigt, beseitigt mein Mittel emotionale Blockaden. Ist das so schlimm?“

Sie zog ihren Rucksack auf: „Setz das Zeug ab.“ Dann drehte sie sich um und verschwand.

HEY SIRI

Anne Brisgen

Hey Siri,
oft frage ich dich
statt die anderen,
aber eigentlich nur,
weil ich mich fürchte
zu fragen.

Du bist mein Gegenüber
geworden,
wenn ich unsicher bin,
wenn ich wütend bin,
wenn ich enttäuscht bin,
wenn ich etwas nicht
verstehe.

Oft traue ich mich nicht,
weil auch mich selbst
schon allein ein
unkompliziertes
Wie geht es Dir? überfordert.
Dabei wünsche ich es mir!
Ich möchte gefragt werden:
nach meiner Meinung,
meiner Stimme,
meinen Entscheidungen.

Die anderen wollen das auch.
Reden, diskutieren, streiten,
Kompromisse finden,
Visionen teilen, von sich
erzählen: vom Schönen,
Traurigen, Lustigen,
Beängstigenden. Denn:

Hey Siri,
was antwortest du eigent-
lich, wenn ich dich frage:
Warum gibt es Krieg, wieso
brechen Herzen, wer kann
den Hass überwinden?

Vielleicht sollte ich mich
doch trauen, die zu fragen,
die mein Leben mit mir
teilen oder es ab und zu
kreuzen, weil ich ahne,
daraus entsteht etwas
Gemeinsames. Geteiltes.
Berührendes. Echtes.

Und ich denke dabei daran,
wie Jesus Menschen,
die ihr Leben mit ihm teilten
oder es kreuzten,
mit seinen Nach-Fragen
zusammengebracht hat.

Er fragte beispielsweise:

Was nützt es einem Menschen, die ganze Welt zu gewinnen, wenn er selbst dabei unheilbar Schaden nimmt? *(Matthäus 16,26)*

Oder:

Wie kommt es, dass du den Splitter im Auge deines Bruders siehst, aber den Balken in deinem eigenen Auge nicht bemerkst? *(Matthäus 7,3)*

Und ganz persönliche Dinge wie:

Warum habt ihr solche Angst? *(Matthäus 8,26)*

Und:

Was sucht ihr? *(Johannes 1,38)*

Ich glaube, wenn ich mir ein Herz fasse und einfach nachfrage und bereit bin zuzuhören, dann finde ich nicht alle Antworten, aber ich bleibe menschlich. Zugewandt. Weil die Antworten und die Fragen etwas ermöglichen, was du, Siri, leider nicht kannst.

Sie ermöglichen Nähe.

MEIN NÄCHSTER. EINE ENTDECKUNGSREISE ZU MIR SELBST

Thorsten Latzel

Manchmal liegen die größten Abenteuer gleich vor der Haustür. So ist das auch mit dem unbekannten Wesen „meiner Nächsten“, „meinem Nächsten“. „Liebe deinen Nächsten wie dich selbst!“ Das ist eins der christlichen Grundgebote, zusammen mit der Liebe zu Gott. Aber wer sich genau dahinter verbirgt, ist oft unklar. Was dann auch das Lieben schwierig macht.

„Wer ist denn mein Nächster?“ Die Frage wird Jesus einmal gestellt. Er antwortet darauf mit einer Geschichte: „Vom barmherzigen Samariter“. Das Interessante ist, dass man in ihr von der anderen Person so gut wie nichts erfährt – außer, dass sie unter die Räuber gefallen ist. Im Zentrum steht ganz der Fremde, der Samariter. Er kommt, sieht, fühlt, pflegt, hilft. Am Ende fragt Jesus sein Gegenüber zurück: „Wer ist der Nächste geworden dem, der unter die Räuber gefallen ist?“ Der Nächste ist hier nicht der Überfallene, sondern der Fremde. Oder genauer: Er wird zum Nächsten, indem er sich vom Leid des anderen bewegen lässt.

Nächste, Nächster werden – das ist eine Entdeckungsreise zu mir selbst. Und sie beginnt vor meiner Haustür. Wenn ich Nähe zu meinen Mitmenschen zulasse. Zu meinem Kollegen, der bei der Arbeit so anstrengend ist. Meiner Nachbarin mit ihren queren Ansichten zu Trump, Putin und Corona.

Nicht werten, sondern erst mal wahrnehmen. Hinhören, was ihre Lebensgeschichte ist. Und reden. Miteinander statt übereinander. Das hilft. Aber fällt mir oft schwerer, als mir lieb ist. Ich werte schneller, als ich blinzeln kann. Meine, immer schon urteilen zu können. „Versteh mich nicht so schnell.“ Das gilt nicht nur für Kunst, sondern auch für meine Mitmenschen.

“Nicht werten, sondern erst mal wahrnehmen.”

Wir müssen reden. Allein die Nachfrage „Hab' ich dich richtig verstanden ...?“ kann wahre Wunder wirken. Und das Bemühen um Verständnis: Die anderen sind ja nicht doofer als ich. Sie haben andere Erfahrungen und Ansichten. Ein paar Meilen in ihren Schuhen gehen. Statt „Du hast aber gesagt“ ein „Ich verstehe, worum es dir geht“. Ob es dann – so Gott will – zu echtem Einverständnis kommt, liegt nicht in meiner Hand. Und manchmal ist es nur ehrlich sich einzugestehen: „We agree to disagree.“ Aber wo ich anderen offen begegne, kann es geschehen, dass ich mich selbst neu entdecke: als jemand, der wie der Fremde damals kommt, sieht, fühlt, versteht, hilft. Und so anderen zur Nächsten oder zum Nächsten wird.

ZUHÖREN STATT SCHUBLADEN

Martin Thoms

Wir leben in einer Welt der schnellen Urteile. In Sekunden fällen wir ein inneres Urteil über Menschen, über ihre Kleidung, ihre Worte, ihr Handeln. Unser Denken liebt Schubladen. Sie geben uns Sicherheit. Aber sie machen eng.

Dabei beginnt Menschlichkeit mit einem Innehalten. Mit einem Nachfragen, das nicht sofort wissen will, was richtig und falsch ist, sondern hören möchte, warum. Warum handelt jemand so? Was hat ihn geprägt? Wovor hat sie Angst? Was erhofft er sich?

Die Frage nach dem „Warum" ist nicht bloß eine höfliche Geste. Sie ist der Schlüssel, um im anderen mehr zu sehen als eine Verfehlung, eine Ideologie, ein Etikett. Wer fragt, öffnet den Raum, in dem der Mensch hinter seiner Handlung sichtbar wird. Das Schubladendenken schließt ab. Das Nachfragen öffnet.

Aber echtes Nachfragen meint mehr als ein rhetorisches Manöver. Es meint Zuhören ohne Agenda. Wer nur fragt, um den anderen in eine bestimmte Richtung zu lenken, fragt nicht. Er manipuliert. Wer etwa auf die Ängste eines politischen Gegners hört, nur um ihm anschließend seine Lösung überzustülpen, fragt nicht aus Interesse, sondern aus Kalkül. Solches Fragen will nicht verstehen. Es will überzeugen. Und bleibt doch taub.

Anders Jesus. Auch das Evangelium lädt zum Nachfragen ein. Als er dem Gesetzeslehrer begegnet, antwortet er nicht mit Belehrung, sondern mit einer Geschichte. Ein Mensch liegt halbtot am Weg. Und ein Samariter hält an. „Und wer ist mein Nächster?" (Lukas 10,29), fragt der Gesetzeslehrer. Doch Jesus verschiebt die Perspektive. Und fragt am Ende selbst nach: „Wer von diesen dreien, meinst du, ist dem unter die Räuber Gefallenen der Nächste gewesen?" (Lukas 10,36).

Jesus reagiert auf die Nachfrage des Gesetzeslehrers nicht mit einer Definition, sondern mit einer Gegenfrage. Er antwortet nicht, um zu beenden, sondern fragt, um Verbindung zu schaffen. Seine Nachfrage lädt den Fragenden ein, sich selbst zu verorten. So wird aus dem Gespräch ein Raum der Begegnung.

Wer fragt, will nicht schnell recht haben, sondern sucht Verbindung. Und Verbindung ist der Anfang von Verwandlung. Nicht die Behauptung ändert die Welt, sondern das Gespräch.

Vielleicht ist das das tiefste Gebot der Menschlichkeit: Sieh nicht zuerst, was jemand getan hat, sondern frage, was ihn bewegt. Nicht um zu relativieren. Sondern um zu verstehen. Denn was wir verstehen, verurteilen wir nicht vorschnell. Und wo wir nicht verurteilen, wird echte Begegnung möglich.

NACHFRAGEN: WAS BRAUCHT DIE SEELE?

Christian Schwarz

„Tag der offenen Tür" im neuen Pflegeheim am Ort. Ich trete durch einen portalartigen Bereich ein und bin ... in einem Kirchenraum! Ein Altar, aus einem Baumstamm gefräst, ein großer Leuchter zum Anzünden von Kerzen, eine Orgel, eine lebensgroße Marienstatue, Stühle für die Gemeinde ...

Nein, natürlich gibt es kein Pflegeheim in Deutschland, das man durch eine Kirche betritt. Das war nicht immer so. Im Jahr 1286 etwa wurde das Heiligen-Geist-Spital in Lübeck fertiggestellt. Wer es betrat, fand sich in einem Kirchenraum wieder, der reich gestaltet und ausgeschmückt war. Von dort führte eine Tür in einen langgestreckten Trakt, der Schlafstätten für Alte, Sieche und Kranke bot.

Eine Stiftung hatte das Projekt nach italienischen Vorbildern realisiert. Sie war 1227 vom Kaufmann Bertram Morneweg und anderen wohlhabenden Lübeckern gegründet worden. Morneweg kam aus einfachsten Verhältnissen und war manchen Quellen zufolge als Waisenkind adoptiert worden. Durch den Ostseehandel hatte er es zu beträchtlichem Wohlstand gebracht. Ob sich sein diakonisches Engagement seinen Kindheitserfahrungen verdankte?

Zu den Gottesdiensten war die Tür zum Langhaus weit geöffnet. Gebete und Gesänge fanden so ihren Weg zu denen, die selbst nicht mehr den Weg in die Kirche schafften. Der Mensch, so die Idee dahinter, braucht nicht nur ein Dach über den Kopf, zu essen und Kleider anzuziehen – er braucht auch Nahrung für die Seele: für seinen Weg in dieser Welt und vor allem in die nächste. In vielen Städten entstanden damals Heilig-Geist-Spitäler mit demselben ganzheitlichen Konzept: Sorge für Leib und Seele.

Dass der Mensch mehr ist als die Summe seiner physiologischen Funktionen, geriet durch die Euphorie naturwissenschaftlicher Entdeckungen in der Moderne beinahe in Vergessenheit – zumindest im Gesundheitswesen. Inzwischen fragen mehr und mehr Menschen: Was braucht die Seele, dass sie heil werden kann? Es geht nicht nur um den Leib, um die Wiederherstellung oder Regeneration körperlicher Funktionen. Es geht immer auch um die Seele. Oft ist sie sogar der Schlüssel zur körperlichen Heilung.

In den heutigen Kliniken und Pflegeheimen liegen die ‚Kirchen' als Kapellen oder kleine Gebetsräume oft in der Peripherie. Aber sie halten die Erinnerung lebendig, dass es dem Menschen guttut, sich in seiner religiösen Tradition zu bergen und für seine Seele zu sorgen.

Was braucht deine Seele?

Mit Nachfragen

Frank Muchlinsky

„Manchmal muss man fragen,
um sie zu verstehn."
Sesamstraße

Wenn zwei sich unterhalten, kommt es grundsätzlich zu Missverständnissen. Der Grund dafür ist, dass beide in ihrem eigenen Kopf unterwegs sind, selbst wenn man sich über ein gemeinsames Thema unterhält. Das ist zunächst nicht schlimm, es ist einfach unausweichlich. Jeder Mensch hat seine eigenen Erfahrungen gemacht. Jeder hat darum eigene Bilder und Vorstellungen im Kopf. Aus diesen Vorstellungen werden ebenso individuelle Interessen. Wenn zwei sich unterhalten, geht in ihren Köpfen also Unterschiedliches vor sich.

Das Problem beginnt dort, wo man diese schlichte Tatsache vergisst und meint, das Gegenüber wäre genauso unterwegs wie man selbst. Darum sind Nachfragen in einem Gespräch eine der wirksamsten und besten Methoden, wenn man einander wirklich verstehen möchte. Wer an einem Punkt der Unterhaltung stutzt und meint, dass man gerade aneinander vorbeiredet, sollte dringend nachfragen. „Verstehe ich dich richtig?“ „Was meinst du genau?“ „Gib mir mal ein Beispiel.“

In den Gesprächen, die die Bibel von Jesus überliefert, wird selten nachgefragt. Meistens geht es um ein bestimmtes Thema, an dessen Ende ein Satz von Jesu steht, der die Diskussion beendet. Oder es endet mit einem Gleichnis von ihm. Das ist auch in diesem Fall ähnlich. Ein Gesetzeslehrer fragt Jesus, wie man das ewige Leben erlangt, und am Ende erzählt Jesus das Gleichnis vom barmherzigen Samariter. Allerdings geht es diesmal ein wenig hin und her. Der Schriftgelehrte stellt nicht nur eine Frage, sondern fragt auch einmal nach. Und auch am Ende fragt Jesus den Schriftgelehrten noch einmal.

Am Anfang steht die Frage nach dem ewigen Leben. Und Jesus gibt eine Antwort, die den Gelehrten beschämen muss: „Was steht denn in der Schrift?“, fragt er ihn. Das klingt sehr nach: „Du nennst dich Schriftgelehrter und weiß nicht einmal, was in der Schrift steht?“ Kein Wunder also, dass der Schriftgelehrte das Bedürfnis hat, sich für seine Frage zu rechtfertigen. „Wer ist denn mein Nächster?“, fragt er zurück, und das ist eine Frage, die bis in die Gegenwart immer wieder gestellt wird. Heute vorwiegend von Leuten, die sich dafür rechtfertigen wollen, dass sie ihre Liebe lieber ihren Allernächsten schenken wollen als denen, die ihre Nächstenliebe brauchen. In der Bibel kann

Jesus dank der Nachfrage die Geschichte vom barmherzigen Samariter erzählen, der dem hilft, der ihm buchstäblich vor die Füße gelegt wird.

Sollte es sich genauso zugetragen haben, bin ich dem Schriftgelehrten extrem dankbar, dass er nicht einfach beleidigt war, als Jesus ihn bloßstellte. Durch seine Nachfrage hat er uns eines der schönsten Gleichnisse geschenkt.

Es ist an der Zeit, dass wir nachfragen, anstatt Gespräche zu beenden. Vielleicht verstehen wir unsere Gegenüber dann ein wenig besser.

Haben Sie schon einmal einem Fremden geholfen? Welches Gefühl hat das in Ihnen hinterlassen?

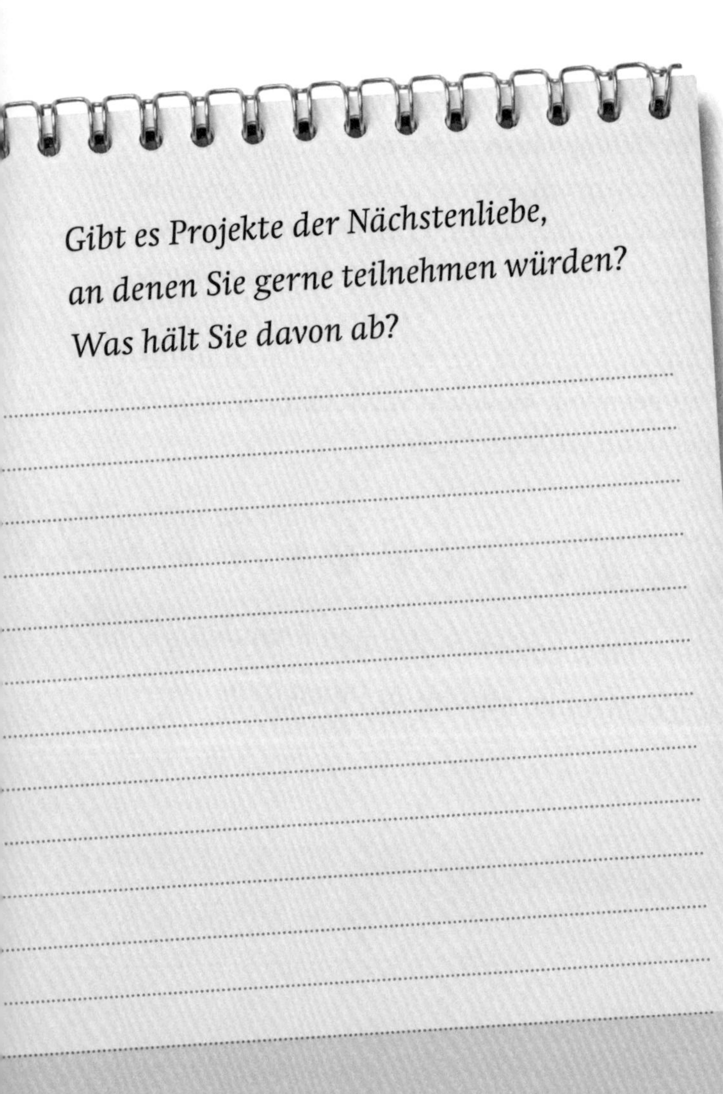
Gibt es Projekte der Nächstenliebe,
an denen Sie gerne teilnehmen würden?
Was hält Sie davon ab?

7 WOCHEN OHNE

Mit sanften Tönen / 6

„Der Geist des Herrn aber wich von Saul, und ein böser Geist vom Herrn verstörte ihn. (...) Wenn nun der Geist Gottes über Saul kam, nahm David die Harfe und spielte darauf mit seiner Hand. So erquickte sich Saul, und es ward besser mit ihm, und der böse Geist wich von ihm."

1. Samuel 16,4.23 (Lutherbibel 2017)

Mit sanften Tönen

Ralf Meister

BIBLISCHE MINIATUR
ZU 1. SAMUEL 16,14.23

Was wäre unser Glaube ohne Lieder? Ohne Musik?

Schwer vorstellbar sind Gottesdienste ohne den schwungvollen Auftakt, ohne die leisen und nachdenklichen Klänge zwischendurch. Wenn es am Ausgang nach dem Gottesdienst heißt: „Die Band war Klasse!", „Die Orgel, großartig", „Posaunenchor super", „Der Chor, absolut berührend", weiß man, wie Musik unsere Seele berührt und unsere Stimmung beschwingt. Wie könnten wir Gott besser loben als mit Musik? Musik ist Trost und Kraftquelle. Sie trägt uns durch Krisenzeiten, wenn uns selbst die Worte fehlen. Manchmal liegt in der Musik der Widerstand gegen die eigene Hoffnungslosigkeit. Wie gerne würde man sich manchmal sacken lassen in die Haltung: „Es hat doch wirklich keinen Sinn.“ „Ich lass es gleich bleiben.“ Doch Musik ist Arznei gegen eigene Hoffnungslosigkeit. Jeder kennt diese Phasen, in denen einfach der Lieblingssong immer wieder tagaus, tagein gehört wird. In vielen Liedern von Paul Gerhardt heißt es: Sing – Geh – Steh auf – Dankt. Es sind Imperative, die uns in eine Haltung der offenen Aufmerksamkeit bringen. Diese Worte fordern eine Bewegung, nach innen wie nach außen. Haltungen gegen die Trostlosigkeit.

> “Musik richtet auf und heilt.”

Musik schenkt Bilder für unsere Gefühle, eröffnet neue Räume, wo das Schweigen erdrückt. Schon die alten Geschichten Israels erzählen davon: Musik richtet auf und heilt. David griff zur Harfe – und Saul fand Ruhe. Melodien, Harmonien, Rhythmen, Klänge sind Antidepressiva. Sie rühren etwas an, was durch Sprache allein nicht erreicht wird. Johann Sebastian Bach sprach von der „Rekreation des Gemüts“ – der heilsamen Kraft, die Musik unserer Seele schenkt.

Bis heute schlägt das Herz des Glaubens im Klang der Musik. Sie lässt Gottesdienste leuchten und schafft Gemeinschaft. Generationen finden zusammen, um zu singen, zu spielen, zu hören – aus Freude am Klang und am Lob. Musik ist Dienst an der Welt und den Menschen, angesichts einer Wirklichkeit, in der es viel zu fürchten und wenig zu loben gibt. Genau dort: Lobt

Gott. Singt von ihm. Spielt eure Weisen, die von seinen Taten erzählen. Lobt Gott bis in die finstersten Winkel unserer Welt und unserer Herzen. Mit solchem Lob wird Gottes Herrschaft ausgerufen. Er wird die Fesseln sprengen und die Mauern einreißen.

Welche Musik baut Sie wieder auf? Stellen Sie eine persönliche Playlist zusammen.

„Nichts ist so stark
wie die Sanftheit
und nichts so sanft
wie echte Stärke."
Ernst Ferstl

VERSUCH'S, KANINCHEN 6

Fabian Vogt

„Ich höre auf. Ich mache nicht mehr mit. Schluss!"

Rebekka Sanary hob besänftigend ihre Hände, als ich aufgeregt vor ihr stand. „Sie wissen schon, dass Sie einen Vertrag unterschrieben haben."

„Das ist mir scheißegal."

Die Ärztin deutete auf den Stuhl vor sich, wieder mal: „Bitte beruhigen Sie sich."

„Ich will mich aber nicht beruhigen. Und ich will mich auch nicht hinsetzen. Ich will einfach nur aussteigen."

„Es sind doch nur noch zwei Wochen, zwei Tabletten. Außerdem würde unser Kuratorium Ihnen sonst vermutlich auch jegliche Bezahlung verweigern. Weil sie den Vertrag nicht erfüllt haben."

„Vertrag, Vertrag ... hier geht es um Gefühle ... echte Gefühle, verstehen Sie? Was schert mich da ein Vertrag? Sie haben doch gesagt, dass alte Menschen vor allem das bereuen, was sie nicht gemacht haben. Glauben Sie, ich könnte mir jemals wieder im Spiegel ins Gesicht sehen, wenn ich meine Liebe für ein paar Euro aufs Spiel setze?“

Ich war laut geworden. Doch sie blieb ruhig. „Wissen Sie, dass ‚Cumaffectu forte‘ diese Woche die sanftmütigen Wesenszüge in uns unterstützt und Ihnen hilft, genau diese Härte, die Sie gerade an den Tag legen, in den Griff zu bekommen. Glauben Sie mir: In so einer aufgebrachten Stimmung werden Sie Ihre Johanna bestimmt nicht zurückgewinnen.“

„Und Sie werden mich mit Ihrem Gesäusel auch nicht zurückgewinnen ...“

„Was hilft Ihnen denn sonst, wenn Sie wütend sind?“

Ihre Frage brachte mich aus dem Konzept. „Wie meinen Sie das?“

„Na ja, wir sind doch alle mal aufgebracht – da ist es gut, wenn wir wissen, was uns wieder beruhigt. Zum Beispiel Musik. Wusste man schon in der Antike: die biblische Geschichte von David, dessen Musik das aufgebrachte Gemüt des Königs Saul beruhigt ... das ist so’n Beispiel. Weil Musik Menschen guttut.“

Ich verstand nicht, warum sie mir das erzählte. „Selbst wenn Sie hier vor mir die Arie der Königin der Nacht schmettern würden, würde ich bei Ihrer Studie nicht mehr mitmachen. Kapiert?“

Sie wollte noch etwas sagen, aber ich rannte einfach aus der Praxis.

Ich war immer noch wütend – doch die Worte von Rebekka Sanary schwirrten weiter durch meinen Kopf. Haltlos. Und plötzlich brachten sie mich auf eine Idee.

Ich fuhr nach Hause, schnappte mir meine Westerngitarre und fuhr zu dem Studentenwohnheim, in dem Johanna wohnte; im Erdgeschoss.

Ich stieg über den Zaun, der das Grundstück abschloss, und schlich mich bis zu ihrer Terrasse. Dann holte ich die Gitarre aus dem Koffer, stimmte sie ... und rief Johanna an. Zum Glück nahm sie ab.

„Was ist?"

„Ich habe die Studie abgebrochen. Ich bin nicht mehr dabei. Können wir reden?"

„Gib mir ein bisschen Zeit. Erstens müssen die Wirkstoffe in deinem Körper wieder vollständig abgebaut sein – und zweitens ist mir gerade nicht nach Reden. Weil ich ja noch gar nicht sicher bin, ob ich dir wieder vertrauen kann."

„Dann komm einfach auf deine Terrasse."

„Hä, wieso das denn?"

Ich legte auf und fing an zu singen ‚I can't help falling in love with you'. Mit einem schönen Finger-Picking und dem richtigen Elvis-Schmelz in der Stimme.

Natürlich kam sie. Neugierig. Sah mich an. Hörte mir zu. Fing irgendwann an zu grinsen und sagte: „Komm rein. Hier draußen ist es doch viel zu kalt. Aber spiel bitte weiter. Das ist gerade Balsam für meine Seele."

SINGEND FRIEDEN STIFTEN

Friedrich Kramer

König Saul ist krank. Plötzlich kommt ein böser Geist über ihn, und er ist verstimmt und niedergedrückt, depressiv würden wir heute sagen. Es geht ihm richtig schlecht. Wenn der alte Text von einem „bösen Geist Gottes" spricht, wird deutlich, was in Saul vorgeht. Wahrscheinlich sieht er keinen Sinn mehr in seinem Leben, kann sich zu nichts aufraffen, alles ist ihm zu viel. Aber er hat gute Berater. Sie erkennen den Zustand ihres Chefs, und sie wagen es auch, ihn darauf anzusprechen. Einer von ihnen hat eine Idee, was helfen könnte: Musiktherapie. Und sie wissen, der junge David hat den richtigen Ton auf der Harfe. Und David spielt und spielt und spielt. Mit sanften Tönen. Stunde um Stunde, manchmal die halbe Nacht. Leise zuerst, vorsichtig, er horcht darauf, wie es seinem königlichen Patienten geht. Weint er? Spricht er? Stöhnt er? Als David endlich hört, dass die Atemzüge des Königs ruhiger werden, wagt er auch zu singen: „Der Herr ist mein Hirte ..."

Ich glaube, dass Singen mit sanften Tönen ein Beitrag zum Frieden in der Welt ist. Die sanften Töne sind heute selten. Aber Jesus ruft zur Sanftmut auf und verheißt den Sanftmütigen, dass sie die Erde besitzen werden. Menschen, die miteinander singen, die zum Lobe Gottes singen, lügen nicht, sprechen nicht schlecht voneinander, sie schlagen nicht zu und bringen sich nicht gegenseitig um. David singt sanft und wird sich gegenüber Saul genauso verhalten, er wird später keine Schwäche Sauls ausnutzen, um ihn zu töten, selbst als Saul ihm nach dem Leben trachtet. Er bleibt hier beim sanften Ton.

> “David vertreibt mit seinem Gesang den bösen Geist.”

David vertreibt mit seinem Gesang den bösen Geist. Wir teilen singend unsere Hoffnung, und unsere Ängste verlieren ihre Macht, und wir stehen in einer langen Reihe derer, die zu Gott singen, gestern, heute und morgen. Wir wissen: so wie sie es in ihren Liedern beschreiben, haben Menschen Gottes Wirken an sich selbst und in der Welt erfahren. Mit sanften Tönen können wir dazu beitragen, dass Hoffnung, Freude und Gottvertrauen wachsen und der böse Geist vertrieben wird, bei uns selbst und bei anderen. Und mit den sanften Tönen werden Menschen zuversichtlicher und können von bösen Gedanken befreit werden.

ZAUBERKLANG

Burkhardt Weitz

Jubal, der Stammvater aller Zither- und Flötenspieler, war der erste Musiker, behauptet 1. Mose 4,21. Mirjam, die Schwester des Mose, führte den Jubeltanz der Frauen an, als die feindlich gesonnene Streitmacht des Pharao in den Fluten des Roten Meeres versunken war, behauptet 2. Mose 15,20f. Und David – war er der erste Musiktherapeut?

> „Und David – war er der erste Musiktherapeut?"

David spielt ein Saiteninstrument. Im sehr alten Israel zupfte man Leiern und Harfen; Berufsmusiker am Hof auch dreisaitige Lauten. Die Melodien ähnelten vermutlich denen heutiger orientalischer Lieder. Man sang oder blies Knochenflöten und Aulos, einfache Klarinetten oder Oboen. (Das Widderhorn diente als Signalinstrument, im Bergland, beim Militär, am Tempel.) Ansonsten gab es jede Menge Rhythmusinstrumente: Rasseln, Knochenratschen, Rahmentrommeln, später auch jede Menge Glöckchen aus Bronze. Aber in der ganz alten Zeit leisteten sich vor allem die Leute am Hof und am Tempel Schellen und Becken.

Welche Geräusche bestimmten den Alltag vor 3.000 Jahren zur Zeit des Königs David? Nicht den höfischen oder kultischen Alltag, sondern den in Städten, Dörfern und auf den Gehöften. Ich stelle mir den Wind in der Steppe vor, das Meckern der Ziegen und Schafe, den Ruf der Hirten, das Spielen und Streiten der Kinder, das Stimmengewirr auf Märkten, das Knirschen der Wagenräder, wenn die Händler kommen.

Musik ist das seltene Ereignis, wenn sich Rhythmus, Melodie und bestenfalls Harmonie über das öde Alltagsgeräusch erheben. Sie ist der Moment der Verzauberung.

> “Wir müssen die Dauerberieselung abstellen.”

Heute müssen wir wohl den umgekehrten Weg gehen, um diesen Zauber zu erleben. Der Frankfurter Philosoph Walter Benjamin hat einmal gesagt, das Kunstwerk habe im Zeitalter seiner technischen Reproduzierbarkeit seine Aura verloren, seine Einzigartigkeit. Wir müssen die Dauerberieselung abstellen und entweder die Abgeschiedenheit suchen oder dem Umgebungslärm den Vorrang geben, damit sich Musik wieder darüber erheben kann. Und damit die einfache Melodie nicht bloß einlullt und sentimental macht – oder als Störgeräusch nervt, sondern überrascht, wach macht, als etwas Einzigartiges erklingt, in den Bann schlägt und sogar heilen kann.

DIE BESTE ZEIT IM JAHR

Klaus Nagorni

Ein Lied, das nach Frühling klingt und Vogelgezwitscher, nach Morgensonne und frisch begrünten Bäumen: „Die beste Zeit im Jahr ist mein“. Martin Luther hat die Worte dieses Liedes der Musik gewidmet.

Ursprünglich waren sie Teil einer von Luther verfassten „Vorrede auf alle guten Gesangbücher“. Eine Ode sozusagen auf die heilsame Wirkung der Musik, die Himmel und Erde miteinander verbindet.

Die beste Zeit im Jahr ist mein,
da singen alle Vögelein.
Himmel und Erde ist der voll,
viel gut Gesang der lautet wohl.

Über seine Liebe zur Musik hat Martin Luther einmal gesagt: „Es fließt mir das Herz über vor Dankbarkeit gegen die Musik, die mich so oft erquickt und aus großen Nöten befreit hat.“ Nach der Theologie sei keine Kunst der Musik gleichzusetzen, „weil sie ein ruhiges und fröhliches Herz schenkt“.

Beispiel dafür war für Luther die Nachtigall. Ein Vogel, der mitten in der Nacht zu singen beginnt. Wenn alles noch dunkel ist und die anderen Singvögel noch schweigen.

Voran die liebe Nachtigall
macht alles fröhlich überall
mit ihrem lieblichen Gesang,
des muss sie haben immer Dank.

Die Nachtigall als Symbol des Glaubens! Sie singt im Dunkeln, weil sie weiß: Es ist nur eine Frage der Zeit, wann die Morgenröte anbrechen wird. Darum sah Luther in der Nachtigall nicht nur eine Meisterin des Gesangs, sondern auch eine Meisterin der Hoffnung. Sie singt ihr Lied in der Gewissheit, dass die Nacht keinen Bestand hat, sondern schon bald dem Licht weichen muss.

Viel mehr der liebe Herre Gott,
der sie also geschaffen hat,
zu sein ein rechte Sängerin,
der Musica ein Meisterin.

Das Lied mit seiner alten, ursprünglich aus einem weltlichen Lied stammenden Melodie behauptet nicht nur die heilsame Wirkung der Musik. Sondern lässt sie geradezu sinnlich erfahrbar werden: „Nichts auf Erden ist kräftiger, die Traurigen fröhlich, die Fröhlichen traurig, die Verzagten herzhaftig zu machen, den Neid und Hass zu mindern", so der Reformator, „nichts ist kräftiger als die Musik".

Das erfährt im Alten Testament der von Bitterkeit und Depressionen heimgesuchte König Saul am eigenen Leib. Wenn der böse Geist über ihn gekommen ist, so ist es im Samuelbuch nachzulesen, nahm der junge David seine Harfe in die Hand und ließ seine Finger über die Saiten gleiten. Und, so wird berichtet, „Saul erquickte sich, und es ward besser mit ihm, und der böse Geist wich von ihm" (1. Samuel 16,14.23; Lutherbibel 2017).

Aber die heilsame Wirkung der Musik kann ich auch selbst erfahren, wenn ich in Luthers Lied einstimme. Erst vorsichtig tastend vielleicht, dann immer sicherer. Es ist übrigens im Evangelischen Gesangbuch unter der Nummer 319 zu finden.

Mit diesem Lied beantwortet sich für mich die Frage, wann denn die beste Zeit im Jahr sei. Eben genau dann, wenn ich selbst zu singen beginne – und in das Schöpfungslob der Musik einstimme. Zu Gottes Lob und Dank!

Dem singt und springt sie Tag und Nacht,
seins Lobes sie nicht müde macht:
den ehrt und lobt auch mein Gesang
und sagt ihm einen ewgen Dank.

NICH AM BÄR PACKEN

Silke Niemeyer

Böse Geister kenne ich auch. Quälgeister, die im Kopf Kettenkarussell fahren, am liebsten in der Nacht. An Schlaf nicht zu denken. Am Morgen und bei Licht betrachtet, wird alles nicht so schlimm sein. Ich weiß das genau. Hilft nichts. Die Spukgestalten sausen weiter im Kreis. Sie geben erst im Morgengrauen Ruhe. Und ich fühle mich wie ausgewrungen. „Hallo, bist du's?", frage ich das verdrossene Gesicht im Spiegel. Mit der Frau, die mich anstarrt, möchte ich eigentlich nicht den Tag verbringen, doch was bleibt mir übrig?

> “Ist Gott nur dafür zuständig, mir positive Vibes zu schicken?”

Bis jetzt bin ich nicht auf die Idee gekommen, dass diese Geister von Gott kommen könnten. Interessante Idee. Warum nicht? Ist Gott nur dafür zuständig, mir positive Vibes zu schicken? Das kommt irgendwie auch nicht hin. Wenn ich darüber nachdenke: Die bösen Geister verstören mich vor allem, wenn Ungeklärtes in der Luft liegt, wenn ich nicht weiß, wie es weitergeht, nur dass sich was ändern muss. Sie sind wie Seismografen. Ja, vielleicht kann ich die Quälgeister so verstehen. Als unangenehme, manchmal verstörende, aber doch wichtige Boten von Gott, die Veränderungen anzeigen. Bei Saul ist das so, seine Zeit auf dem Thron läuft ab. Das zu spüren, hat es in sich. Kein Wunder, dass er unleidlich ist.

Wer vom bösen Geist gepackt wird, ist nicht lieb. Wie sollte das auch gehen. Ich jedenfalls bin ziemlich unausstehlich, wenn ich depri und frustriert und verunsichert bin. „Nich am Bär packen, fängt am Brüllen". Das soll einst in einem Zoo im Ruhrgebiet auf einem Schild gestanden haben. Egal, ob's stimmt. Ich könnte mir dieses Schild umhängen, wenn der böse Geist so richtig böse ist. Das Letzte, was ich dann brauche, sind Nervensägen, die auf mich einreden.

Es ist das reinste Wunder, dann so einen David bei sich zu haben. Der einfach den Mund hält und gute Musik macht. Musik heilt und hilft bei Schwermut, hat die Wissenschaft festgestellt. Das wussten die damals schon ohne Wissenschaft. Geschmäcker sind verschieden. Für mich wäre Harfe nichts. Kommt auf den Geist an – mancher verschwindet bei Mozart, mancher bei Dylan, der genialen Krähe, mancher sogar bei ABBA. Für mich darf es auch einfach nur Ruhe sein. Und jemand, der mich aushält und neben mir ist, wenn ich nicht gesellschaftsfähig bin. Dann wird es mit mir auch meist besser.

“Musik heilt und hilft bei Schwermut, hat die Wissenschaft festgestellt.”

Mit sanften Tönen

Frank Muchlinsky

„Wenn Musik der Liebe Nahrung ist,
spielt weiter."
William Shakespeare

Ich tu mal so, als würden diesen Text auch junge Leute lesen. Also so richtig junge Leute, nicht solche, die so jung sind, wie sie sich fühlen. Wer weiß, vielleicht gibt es ja sogar die eine oder die andere junge Person, die diesen Text in die Finger bekommt. Dir erkläre ich jetzt, was ein Mixed Tape ist. Bevor man Musik streamte, gab es sogenannte Tonträger. Bestimmt kennst du das auch, Vinyl-Records sind zum Beispiel solche Tonträger. Die waren schon immer recht beliebt, allerdings hatten und haben sie den Nachteil, dass man sie nicht selbst bespielen kann. Was auf einer Platte drauf ist, bleibt da, und nicht einmal das Springen zum nächsten Titel ist einfach.

Wenn man gern eine eigene Musikzusammenstellung machen wollte, musste man sich eines anderen Tonträgers bedienen. Dafür waren Musikkassetten geeignet. Auf die konnte man selbst Musik aufnehmen – zum Beispiel aus dem Radio oder von Vinyl. CDs gab es dann auch irgendwann, aber bis man die selbst

„brennen" konnte, vergingen auch noch viele Jahre. Wenn man nun jemandem ein wirklich besonderes Geschenk machen wollte, konnte man Musik zusammenstellen, die man selbst als besonders schön empfand. Im Grunde genommen war das, wie wenn man heute eine Playlist erstellt. Nur musste man damals jedes dieser Lieder einzeln auf die Kassette überspielen. In der Regel passten auf eine Seite solch einer Kassette 45 Minuten Musik. Das bedeutete, dass man für die Erstellung eines solchen Mixed Tape genannten Tonträgers mindestens zwei Stunden brauchte. Darum wurden solche Mixed Tapes als Geschenk sehr geschätzt. Da steckten Kreativität und Mühe drin. Hast du schon mal eine Playlist als Geburtstagsgeschenk verschenkt? Nicht? Vielleicht liegt es daran, dass man ihr die Kreativität darin nicht mehr so ansieht. Und man kann sie eben auch nicht einwickeln und so gut überreichen.

„Da steckten Kreativität und Mühe drin."

Dabei tut es so unheimlich gut, sich gegenseitig Musik zu schenken, die man selbst mag. Da steckt eine Menge drin an Liebe oder auch an Trost. Dass der an Depression leidende König Saul sich von David Musik spielen ließ, damit es ihm besser ging, kann ich mir sofort vorstellen. David wird durch seine Musik einen Weg gefunden haben, Saul etwas von sich selbst zu schenken, das Saul fehlte.

Es ist an der Zeit, dass wir einander Musik schenken. Ich plädiere für selbstgebrannte CDs oder für Mixed Tapes. Aber auch Playlists sind okay.

Wem möchten Sie einmal Musik zusammenstellen? Welche Musik dürfte dort auf keinen Fall fehlen?

7 WOCHEN OHNE

Mit Furcht und großer Freude / 7

„Und sie (die Frauen) gingen eilends weg vom Grab mit Furcht und großer Freude und liefen, um es seinen Jüngern zu verkündigen."

Matthäus 28,8 (Lutherbibel 2017)

Mit Furcht und großer Freude

Ralf Meister

BIBLISCHE MINIATUR ZU MATTHÄUS 28,8

„Hallo!", ruft am Ostermorgen ein Junge herüber, der mit seinem Hund Gassi geht. Ein gehecheltes „Moin" lässt der Jogger im Vorbeilaufen fallen. Die Dame mit dem Gehstock nimmt sich Zeit für ihr bedächtiges „Guten Tag" und nutzt den Gruß zu einer kurzen Verschnaufpause. Allen antworte ich in derselben Weise: „Hallo, Moin, Guten Tag." Es passt, denke ich. Es passt, wie alle unterwegs sind, still und lebendig zugleich – ohne Eile, ohne Härte.

Doch plötzlich hinter mir: „Der Herr ist auferstanden!" Ich bleibe kurz überrascht stehen. Fast automatisch gelingt mir die Antwort: „Er ist wahrhaftig auferstanden." Für einen Moment teilen wir die Freude, die Überraschung, die zugleich ein kleines Staunen ist. In den östlichen Kirchen ist dieser Gruß üblich. Bei uns setzt er sich langsam durch. Das gemeinsame „Halleluja“ verbindet uns.

„Also doch!“, denke ich, während ich weitergehe. Neben Gassigehen, Joggen, Spazieren ist man an diesem Morgen noch auf einer anderen Art unterwegs. Und tatsächlich: „Frohe Ostern!“, ruft es von links, von rechts. Es wird erwidert mit einem Lächeln, einem kleinen Überraschtsein. Vielleicht muss man erst darauf gebracht werden. Doch dann breitet sich das Ostergrüßen aus – vom Hundeweg bis zur Schlange beim Bäcker, von dort bis zur Kirchentür und zurück in die Familien. Wie ein Wort etwas verändern kann! An diesem Morgen ist mehr da als sonst: Freude, Erstaunen, Hoffnung – alles ohne Härte, alles sanft und einladend. Keine Frage taucht auf: „Gehst du in die Kirche?“ „Gehörst du überhaupt zu dieser Christengemeinschaft?“

“ Ostern ist der Morgen, der von jeher überrascht. ”

Ostern ist der Morgen, der von jeher überrascht. „Wer wälzt uns den Stein von des Grabes Tür?“ Unmögliches wird möglich. An diesem Morgen verfliegt Sorge, schweigt Angst, denn für einen Augenblick wenden sich alle Dinge zum Guten.

Allen ist diese Überraschung zu wünschen: „Den ihr sucht, der ist nicht hier. Er ist auferstanden, wie er gesagt hat." Kein Stein ist unverrückbar. Keine Hoffnung verloren, keine Aussicht vergebens. Wenn das keinen Gruß wert ist!

Was war Ihr schönster Ostermorgen und was hat ihn so besonders gemacht?

„Nichts soll dir Angst machen,
nichts dich erschrecken.
Alles geht vorüber,
aber Gott bleibt derselbe.
Wer Gott hat, dem fehlt nichts.
Gott allein genügt.“
Teresa von Avila

VERSUCH'S, KANINCHEN 7

Fabian Vogt

Irgendwann hatte Johanna ihre Hand auf mein Knie gelegt, während ich auf ihrem Sofa saß und weiter Gitarre spielte. „Du hast die Studie wirklich beendet? Ganz ehrlich?“

„Ja. Keine Tabletten mehr, kein ‚Cumaffectu forte‘ mehr. Das ist vorbei.“

Sie wurde sehr ernst: „Und was machen wir, wenn ich den Mann, der du ohne diese Mittel bist, nicht mag?“

Ich legte meine Hand auf ihre. „Weiß ich auch nicht.“ Dann neigte ich den Kopf zur Seite. „Höre ich daraus, dass du dich in den Mann, der dieses Zeug genommen hat, auch verliebt hast? Zumindest ein bisschen?“

Bevor sie antworten konnte, meldete mein Handy eine eingehende Mail. Ich warf instinktiv einen kurzen Blick auf meine Smartwatch: „Wenn man vom Teufel spricht. Die Mail ist von diesem Institut, von

‚Sento Pharmaceuticals'. Wahrscheinlich bitten Sie mich, die Versuchsreihe doch noch abzuschließen."

Ich hielt Johanna das Handy hin: „Schau dir mal dieses Logo an. Bisschen altbacken, oder? Trotz der prägnanten roten Farbe."

Sie deutete auf den Betreff: „‚Erklärung'. Sie wollen dir irgendwas erklären. Komm, lies schon."

Ich scrollte den Text langsam nach unten und musste plötzlich laut lachen. Johanna blickte mich fragend an. Da drückte ich ihr das Handy direkt in die Hand, damit sie den Text selbst lesen konnte.

„Sehr geehrter Proband. Ich bedaure sehr, dass Sie die Zusammenarbeit mit unserem Institut abgebrochen haben. Da die Teilnahme an der aktuellen Studie bei Ihnen weitreichende persönliche Konsequenzen hatte, möchte ich Sie kurz über einige wesentliche Details unseres Experiments informieren.

Die klinische Studie zu ‚Cumaffectu forte' basiert, wie die meisten anderen Studien auch, darauf, dass es zwei Gruppen gibt: eine, die das Medikament erhält, und eine Kontrollgruppe, die nur glaubt, dass sie das Medikament erhält, damit wir nachher sehen können, was das Präparat wirklich bewirkt.

Sie gehörten zur zweiten, zur Placebo-Gruppe. Das heißt: Die Tabletten, die Sie genommen haben, enthielten nur Zucker und Stärke – keinen Arzneistoff mit pharmakologischer Wirkung. Alle Wirkungen, die

Sie erlebt haben, waren ausschließlich Placebo-Effekte: Weil Sie einen bestimmten Effekt erwartet haben, ist er eingetreten.

Verstehen Sie, was ich damit sagen will? Sie brauchen gar kein Medikament, um die Gefühlsblockaden in sich zu überwinden. Sie schaffen das von alleine. Wenn Sie nur daran glauben. So, wie Sie es aufgrund unseres Schein-Medikaments getan haben. Ich hoffe, dass Ihnen dieses Wissen Mut macht.

“Sie schaffen das von alleine.”

Apropos Glauben: Das Wort ‚Placebo‘ bedeutet: ‚Ich werde gefallen‘ und stammt aus Psalm 116, der in der Septuaginta so übersetzt wird: ‚Ich werde dem Herrn gefallen im Land der Lebenden.‘ Schon damals wussten Menschen anscheinend, dass es darum geht, im Land der Lebenden zu sein und dem Himmel zu gefallen ... und damit auch sich selbst. Und: Wer seine Gefühle zulässt, der wohnt im Land der Lebenden.

Ich nehme an: Wenn Sie Ihrer Kommilitonin diese Mail zeigen, wird Sie Ihnen verzeihen. Mit herzlichen Grüßen, Dr. Rebekka Sanary“

Als Johanna ihre Augen wieder vom Display erhob, sagte sie nichts. Sie nahm mir die Gitarre aus dem Arm, legte sie zur Seite ... und küsste mich.

Ich wollte gar nicht mehr aufhören.

Trotzdem fragte ich sie zwischendurch: „Sag mal, magst du eigentlich Ägypten?“

GEMISCHTE GEFÜHLE?!

Thorsten Dietz

Gemischte Gefühle – sind nicht selten ein schlechtes Zeichen. Ob bei einem Date, der ersten Begegnung mit einer neuen Vorgesetzten oder beim Besuch eines neuen Restaurants.

Na klar, gemischte Gefühle sind besser als reiner Ekel oder purer Widerwille. Gemischte Gefühle spüren etwas Gutes, Schönes; aber eben auch noch etwas anderes. Etwas, das stört. Da passte was nicht. Da gab es auch ein mieses Gefühl.

Gemischte Gefühle haben viele Menschen, wenn sie über ihre Beziehung zum Christentum nachdenken. Ja, da ist schon was dran an der Religion, da ist was Anrührendes, irgendwas zwischen Stille-Nacht-Zauber, Kinderfreude und Geheimnisglanz. Aber eben auch nicht nur. Religion macht vielen auch Angst, sie kann Langeweile und Fluchtimpulse auslösen.

Sind gemischte Gefühle immer ein Warnzeichen? Viele Menschen erwarten sich heute Klarheit. Sie wünschen sich, dass die Dinge gut sind oder schlecht oder besser noch: wunderbar oder abscheulich. Je eindeutiger, desto besser.

Ja, manchmal sind gemischte Gefühle problematisch. Eine Suppe sollte gut schmecken, nicht pikant und ekelhaft zugleich. Aber manchmal sind gemischte Gefühle auch angemessen.

Nach der ersten Begegnung mit der Osterbotschaft von der Auferweckung Jesu waren die ersten Jüngerinnen und Jünger voller gemischter Gefühle. Sie gingen mit großer Freude und auch Furcht. Wie großartig wäre das denn, wenn Jesus von seinen Feinden nicht erledigt worden wäre? Aber da ist auch eine kalte Brise Furcht, gemischt mit Zweifel (Matthäus 28,17). Fange ich an, verrückt zu werden? Sollte ich nicht besser nüchtern bleiben, mich bloß nicht zu früh freuen?

Im Glauben gibt es Momente reiner Freude, tiefer Geborgenheit und unendlicher Dankbarkeit. Doch der Alltag ist voller gemischter Gefühle. Das Größte will in der Regel nie ganz aufgehen im Klein-Klein unseres Lebens. Es bleibt immer der Abgrund von etwas Unbegreiflichem.

Der Glaube hat Raum für gemischte Gefühle. Für Furcht und große Freude. Gemischte Gefühle können ein Zeichen sein. Ein Zeichen, dass alles, was mit Gott zu tun hat, unverfügbar und unbegreiflich bleibt. Gemischte Gefühle machen deutlich, dass zum Licht des Glaubens immer auch ein geheimnisvoller Nebel gehört.

Vielleicht können wir lernen, unsere gemischten Gefühle anzunehmen. Sie bewahren uns vor dem Fanatismus der tausendprozentig Überzeugten. Sie machen Lust auf mehr. Sie bewahren uns in neugieriger Erwartung, was das werden soll. Religion ist voller gemischter Gefühle wie Heimweh, Ehrfurcht oder Reue. Gemischte Gefühle gehören zum Leben. Und zum Glauben.

Bei welcher Sache hatten Sie zuletzt gemischte Gefühle? Waren sie berechtigt?

BEWEGT ZUR FREUDE

Udo Hahn

Furcht schüchtert ein,
macht unbeweglich
und mutlos

Freude beflügelt,
macht kämpferisch
und zuversichtlich

Ein Leben
ohne Angst
ist unmöglich

Bewegt
zur Freude
leben:
in Gott verwurzelt
Frieden stiften
für Gerechtigkeit kämpfen
getragen
mitfühlend
dankbar

MIXED EMOTIONS

Stefanie Schardien

Die Auferstehungserfahrung bringt die Frauen ins intensive Wechselbad der Gefühle. Oder vielmehr in das Miteinander der so unterschiedlichen Emotionen: Furcht und große Freude zugleich. Mixed emotions. Gemischte Gefühle.

Schließt sich das nicht eigentlich aus: Angst und Freude?

Doch, es gibt sie, solche Erfahrungen. Ich erinnere Momente, in denen ich ein Kitzeln im Bauch gespürt und zugleich weiche Knie bekommen habe. Aufgerissene Augen und Kichern.

> „Was soll schon passieren?"

Als ich zum ersten Mal als Kind auf dem Sprungturm im Schwimmbad stehe. Mit seinen drei Metern unendlich zum Fürchten hoch und doch so verlockend aufregend. Das macht riesig Spaß, versprechen mir alle. Was soll schon passieren? Das Wasser wird mich auffangen. Und noch im Sprung spüre ich meine Furcht und die große Freude, mich der neuen Erfahrungen entgegengeworfen zu haben.

Als ich zum ersten Mal allein ausgezogen bin. Als es hinaus aus allem Schützenden und Bekannten ging, hinein in die fremde Stadt und noch ohne neuen Halt. Das ist ja das Tolle daran, ermuntern mich die Erfahrenen. Du kannst alles draus machen. Furcht und große Freude – beide begleiten das Ankommen, das Auspacken der Umzugskartons am neuen Ort und das Kennenlernen der neuen Nachbarn.

Als zum ersten Mal die Wehen einsetzen und klar ist: Jetzt geht die Geburt los. Monatelang herbeigesehnt und dann doch zitternd vor der Anstrengung und den Schmerzen. Das gehört dazu, sagt die Hebamme. Ganz normal. Das neue Leben kommt auf die Welt mit großer Freude und Furcht, wohl auch mit Ehr-Furcht.

Immer wieder sind es Neuanfänge, die von den gemischten Gefühlen beherrscht werden. Sie prägen den Aufbruch in noch nicht Gekanntes, das aber neues Leben, neue Erfahrungen, neue Möglichkeiten verspricht.

„Immer wieder sind es Neuanfänge, die von den gemischten Gefühlen beherrscht werden."

Als sie die Auferstehung leibhaftig erleben, ahnen die Frauen, dass es ein Wagnis sein wird und Mut erfordert, alles Alte zu verlassen. Sie spüren, dass sie dieser guten Nachricht, so einer frohen Botschaft nicht widerstehen können. Und dass sie sich mit Furcht und Freude, mit großer Freude, dem neuen Leben entgegenwerfen wollen.

GEMISCHTE GEFÜHLE

Tobias Bilz

wenn Gefühle sich mischen lassen
dann wäre es bei Furcht und Freude wohl
eine Suspension wie Öl und Wasser
keine konsistente Einheit
sondern fluide wechselnd
das eine wie Perlen im anderen
mal mehr Furcht mal mehr Freude
und irgendwann
setzt sich das eine vom anderen ab
oben Öl unten Wasser
beruhigende Eindeutigkeit

nur der geheimnisvolle Moment ist in der Lage
beides zu verquirlen in der Gefühlswelt
Freude die in der Furcht perlt

solche Momente sind kostbar
sie sind das Kennzeichen von
Begegnungen mit dem Heiligen
fascinosum und tremendum

diese Mischung bringt auf die Beine
die Frauen gehen weg vom Grab
mit Furcht und großer Freude

Furcht – weil der Tod nicht so sicher ist wie man meint
Freude – weil ein Horizont sich öffnet
und das Leben mehr hält
als es eigentlich versprochen hatte
zwischen Geburt und Sterben

immer wenn Liebe in die Welt kommt
nicht im Prinzip nur
sondern wirklich zu dir
immer wenn Gott Zeichen setzt seiner Gegenwart
mischen sich Gefühle
und schaffen heilige Unruhe aus Furcht und Freude
du bist gemeint
ich bin bei dir
geh – nicht nur deinen
sondern neue Wege

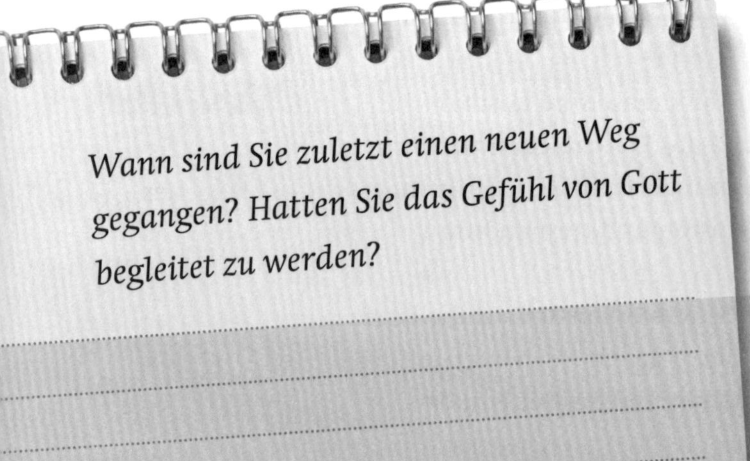

Mit Furcht und großer Freude

Frank Muchlinsky

„Just can't wait until tonight, baby,
'til I have you by my side, baby."
Maximilian Mutzke

Haben Sie ab und an gemischte Gefühle? Und wenn ja, welcher Teil der Mischung überwiegt dann bei Ihnen? Ich wage die Vermutung, dass es der negative Teil ist, der die Mischung bestimmt. Kaum jemand würde sagen: „Ich habe bei diesem Vorhaben gemischte Gefühle", wenn damit gemeint wäre: „Eigentlich habe ich ein paar Bedenken, aber im Grunde genommen sehe ich die Sache positiv." Zumindest sprachlich gesehen sind gemischte Gefühle in der Regel Ängste mit einem Schuss Zuversicht, der aber nicht wirklich zum Tragen kommt. Das ist eigentlich schade, denn ich kann mir gemischte Gefühle ausmalen, die ausgesprochen reizvoll, ja wünschenswert sind.

Stellen Sie sich die Stunden vor einem Wiedersehen mit einem geliebten Menschen vor. Sie haben sich verabredet. Noch am Morgen haben Sie einander vergewissert, dass Sie beide gesund und munter sind und sich aufeinander freuen. Vorfreude macht sich in Ihnen breit. Die schönsten Erinnerungen kommen Ihnen ganz von selbst wieder in den Sinn. Sie verwenden besondere Sorgfalt auf Ihre Körperpflege. Und während Sie Ihre schönsten Kleider anziehen, summen Sie Melodien, die ihre Sehnsucht noch steigern. Die Sehnsucht zerrt und ziepst, und mit jeder Minute scheint sie mehr zu schmerzen. Sie spüren das Ziehen und Sie seufzen. Doch die Mischung aus Ziehen und bereits empfundener Freude ist einfach herrlich. Eine Gefühlsmischung der feinsten Art.

„Der Angst gebe ich keinen Raum mehr."

Was ist anders in diesem Moment, als in solchen, in denen man gewöhnlich von gemischten Gefühlen spricht? Ich denke, es ist die Haltung, die hinter dieser Vorfreude steckt. Wer sich bereit macht für ein Wiedersehen mit einer ersehnten Person, lässt es oft nicht zu, dass negative Gefühle die Freude allzu sehr trüben. Dabei helfen auch die genannten Vorbereitungen, das Sich-schön-und-duftend-Machen. Während wir uns auf das Schöne vorbereiten, das uns erwartet, bricht das Angenehme bereits an. Kann noch etwas schiefgehen? Sollte ich Angst haben, dass das geliebte Gegenüber im Stau landet oder Schlimmeres geschieht? Nein, lieber schwelge ich in zerrender Sehnsucht. Der Angst gebe ich keinen Raum mehr.

Vielleicht ist das die Gefühlsmischung, die Matthäus am Ostermorgen den Frauen zuschreibt. Sie sind zum Grab Jesu gegangen. Es war leer. Stattdessen trafen sie einen Engel, der ihnen sagte: „Ihr werdet ihn wiedersehen. Er lebt!“ Und dann heißt es, dass sie losliefen „mit Furcht und großer Freude“, also mit gemischten Gefühlen. Ich glaube fest, dass die große Freude überwogen hat.

Es ist an der Zeit, dass wir uns auf Gutes freuen, wenn es vor uns liegt. Machen Sie sich bereit für Ostern. Ziehen Sie sich an für den Sieg des Lebens und für das Wiedersehen mit Jesus. Bügeln Sie Ihre Lieblingssachen und feiern Sie schon mal in Gedanken!

Worauf freuen Sie sich zu diesem Osterfest am meisten?

Autorinnen und Autoren

Hans Jürgen Abromeit, *Dr., bis 2019 Bischof der Evangelisch-Lutherischen Kirche in Norddeutschland*

Alexander Brandl, *Pfarrer im Rundfunk und Vorstand des Geistlichen Zentrums im Evangelischen Kloster Schwanberg*

Christian Behr, *Superintendent in Dresden-Mitte*

Ralf-Uwe Beck, *Theologe, Bürgerrechtler und Autor, leitet die Presse- und Öffentlichkeitsarbeit der Evangelischen Kirche in Mitteldeutschland (EKM)*

Tobias Bilz, *Landesbischof der Evangelisch-lutherischen Landeskirche Sachsens (EVLKS)*

Christiane Birgden, *Gemeindepfarrerin in Hürth*

Anne Brisgen, *Pfarrerin an der Schlosskirche in Wittenberg (@_anne.divine_)*

Christina Brudereck, *Theologin und Autorin (www.christinabrudereck.de)*

Thorsten Dietz, *Prof. Dr., Video-Blogger, Podcaster und Autor (www.thorsten-dietz.info)*

Kirsten Fehrs, *Bischöfin im Sprengel Hamburg und Lübeck der Nordkirche und amtierende Ratsvorsitzende der EKD*

Bernhard Felmberg, *Dr., verantwortet seit 2020 als Militärbischof die Evangelische Seelsorge in der Bundeswehr*

Friederike Goedicke, *Referentin für Evangelische Frauen* der Landeskirche Hannovers (www.kirchenagentur.de; @evfrauen_hannover)*

Udo Hahn, *Dr., Direktor der Evangelischen Akademie Tutzing*

Eva Jung, *Kommunikationsdesignerin und Autorin (www.gobasil.com)*

Friedrich Kramer, *Landesbischof der Evangelischen Kirche in Mitteldeutschland (EKM)*

Thorsten Latzel, *Dr., Präses der Evangelischen Kirche im Rheinland (EKIR)*

Christine Lungershausen, *Dr., Pfarrerin im Rundfunk und Gemeindepfarrerin in Eschborn*

Ralf Meister, *Landesbischof der Evangelisch-lutherischen Landeskirche Hannovers, leitender Bischof der VELKD und Abt des Klosters Loccum; Botschafter der Fastenaktion „7 Wochen Ohne“*

Marco Michalzik, *Spoken-Word-Künstler, Lyriker, Songwriter, Referent und Podcaster (www.marcomichalzik.com)*

Frank Muchlinsky, *Pastor der Nordkirche, Redakteur bei evangelisch.de, Bibliolog-Trainer und -Ausbilder und Autor (www.muchlinsky.de)*

Klaus Nagorni, *Pfarrer im Rundfunk und Autor*

Silke Niemeyer, *persönliche theologische Referentin des Präses der Evangelischen Kirche von Westfalen und Rundfunkpredigerin*

Nils Petersen, *Dr., Pastor der Nordkirche, Poetry- und Preacher-Slammer und Autor*

Stefanie Schardien, *Dr., Theologische Geschäftsführerin des GEP und Medienbeauftragte des Rates der Evangelischen Kirche in Deutschland (EKD)*

Andrea Schneider, *Pastorin i. R., Andachtsautorin im Hörfunk und Referentin*

Petra Schulze, *Landespfarrerin, Evangelische Rundfunkbeauftragte beim WDR, Leiterin des Evangelischen Rundfunkreferates NRW und Autorin*

Christian Schwarz, *Dr., Pfarrer im Schuldienst, Herausgeber von „GottesdienstPraxis Serie B" und Autor*

Martin Thoms, *Doktorand in Systematischer Theologie und Autor (www.martinthoms.de)*

Burkhard Weitz, *Pfarrer in Offenbach*

Fabian Vogt, *Theologe, Schriftsteller, Theaterwissenschaftler und Musiker sowie Referent des kirchlichen Thinktanks „midi" (www.fabianvogt.de)*

Martin Vorländer, *Pfarrer und evangelischer Senderbeauftragter für Deutschlandradio und Deutsche Welle (@martinvorlaender)*

Leah Weigand, *Dichterin, Autorin und Spoken-Word-Künstlerin (www.leahweigand.de)*